仕事に追われず

自分の時間を確保する

ハック大学 ぺそ

ポプラ社

効率を上げる時間術の
ノウハウコレクターになるよりも、
タスクをできる限り手放し、
不要なものには時間を使わないこと。
そうすることで圧倒的な時間が生まれ、
時間を有意義に活用できるようになる――

はじめに

「みなさん、仕事をしていますか？」

この書籍はビジネス書の1つなので、手に取ってくださった方はビジネスパーソン、中でも書籍から新たな知見を得ようとする意欲の高い方々だと推察します。

さて、冒頭の質問にはほとんどの人が「ＹＥＳ」と答えるでしょう。

では質問を、少しだけかえます。

「みなさん、〝自分のやるべき〟仕事をしていますか？」

いかがでしょうか。「ＹＥＳ」と自信をもって答えられる方はいるでしょうか。しかし、この書籍を手に取った方は「ＮＯ」、もしくは、答えに迷ってしまうという方のほうが多いかもしれません。

普段、仕事に忙殺されてとにかく目の前の業務に追われている方、未来の業務についてのアイデアや計画を考える時間を捻出できない方、残業沼にハマり自分の時間を十分に確保できていない人ほど、この質問をされるとドキッとしたかと思います。

初めまして、私はハック大学のぺそと申します。現在は外資系金融機関で働きつつ、副業としてYouTubeチャンネル「ハック大学」などでビジネスパーソン向けに情報発信をしています。これまでにビジネス書も数冊出していて、ありがたいことに多くの方に読んでいただいています。

普段、情報発信をしたりビジネスパーソンの相談に乗っていたりすると痛感するのが、「〝自分のやるべき仕事〟をしていない人が多すぎる」ということです。

しかし、その方々は怠惰なわけではありません。本人はむしろ「自分がやるべきことをやりたい」と思っています。

それでもなお、その課題に着手できないのは、やらなくてもいいことをやらされているばかりに（ときには自ら進んでやっていることも）、「やるべきことをやる時間がない」という現状があるからです。

これは、ある意味「時間を搾取されている」ということでもあります。

私がおこなっているビジネスパーソン向けのコーチングなどで、受講生の方にこのような指摘をすると、「そんなことはないです、やらなくてもいい仕事なんかやっていません」と強く反論されます。

しかし、本当でしょうか？　いまあなたが取り掛かっている仕事について、本当にあなたがやるべきなのか確かめたことがありますか？

やるべきだと思っている仕事も、「なんとなく」「ずっとやっているから」「やるのが当たり前だから」などの理由を挙げ、思考停止状態でおこなっていないでしょうか。
もちろん、あなたがやっている仕事の半数以上は、「やるべき仕事」だと思います。ですが、中には案外あなたがやる必要のない仕事もあるものです。

「なんとなく」やっている仕事、「ずっとやっているから」やっている仕事、「やるのが当たり前だから」やっている仕事は、バイアスによって職場に残っているだけの無意味な（非効率な）仕事である可能性が高いのです。

このバイアスというのは非常に強い敵です。本能に紐づけられた最強の敵といってもいいでしょう。このバイアスに打ち勝ち、本当の意味でフラットにタスクを見つめ直すことができれば、搾取構造から抜け出し、時間軸を起点としたあなたの人生の好転が始まります。

「時間は貴重である」という説教くさい文言は、いまさら私にいわれなくてもみなさんは十分に理解していると思います。
しかし、語弊を恐れずにいうと、搾取されても文句1ついわずに時間を奪われたままの人は「自分の時間を大切にしていない」ということです。

これまでのビジネスの現場での実体験、YouTubeに届く多くの悩みや迷い、コーチングでいただく相談、面談などでかかわってきた「自分の時間を確保できていない」方々に、「仕事に追われない」という時間革命を起こしてもらいたいのです。
搾取されている（とすら気づいていないような）時間を取り戻す革命を起こし、その時間をあなたの人生のためになる時間として使ってほしいと考えています。

この書籍を手に取ってもらうのも、この書籍を読んでもらうのも、あなたの時間を奪うことにほかなりません。
ですが、この「時間投資」が、読み終わったあとのあなた、そして将来のあなたの時間を大いに生み出すことをお約束します。

ハック大学　ぺそ

目次

- 「やる」が当たり前になっていませんか？ —— 44
- 「なくす」ことができなくても、「へらす」ことができるタスク —— 50
- 「かえる」ことで、未来の自分の時間を確保する —— 54
- 「なくす→へらす→かえる」というのはゼロベースの見直し —— 59

実践編

いまある仕事を「なくす」「へらす」「かえる」ための思考法

第2章

自分の時間を守るためのコミュニケーション術

「なくす」「へらす」「かえる」ことをうまく伝えられますか？

第3章

あなたにとって「無意味な時間」をへらす9つの仕事のコツ

第4章

いつのまにか自分の時間がなくなってしまう人へ

「自分がやるべき仕事がしたい」時間管理のお悩みQ&A

終章

〝限りある〟1日の時間を価値あるものに

カバーデザイン	西垂水敦・市川さつき（krran）
装画・本文イラスト	Okuta
本文・図版デザイン	沢田幸平（happeace）
構成協力	平格彦
校正	東京出版サービスセンター
DTP	三協美術

序　章

「時間資産」を味方につける働き方

みなさんは「時間資産」という言葉を知っているでしょうか？
はじめて聞いた方もいるかもしれません。
これまで意識したことがないという方も多いかもしれません。
時間をうまく使えない、時間がいくらあっても足りない、
時間がみるみるうちになくなってしまう……。
「時間」が、あなたにとってかけがえのない
「資産」という事実を理解することが、
仕事に追われない毎日を実現するためのスタートになります。
まずは一緒に「時間資産」とはなにかを考えていきましょう。

金融資産より大事な「時間資産」を知っていますか？

あなたはいま、資産をどれくらい持っていますか？

そう聞かれたら、貯金や預金の残高、株式などの金融資産、さらには持ち家などの不動産を計算するのではないでしょうか。

資産として「時間」を計算に入れる人はあまりいないでしょう。もちろん、一般的には「時間」は資産ではないとされています。

ただし、私は「時間」にも資産に含められるほどの価値があると考えています。**いうなれば、「時間資産」を持っているという事実をちゃんと意識すべきなのです。**

もしも、あなたが（本書の読者は現役でビジネスをされている方を想定しています）、時間以外の資産をたくさん持っている84歳の老人に「1億円を払うから体を入れ替えてほしい」といわれたらどうしますか？

（ちなみに「84・07歳」は男女合わせた2022年の日本人の平均寿命です）

もしかしたら少し迷う人もいるかもしれませんが、最終的には断る人がほとんどなのではないでしょうか。断るということは、「寿命」（＝「時間」）にそれくらいの価値を感じているということ。**自分が持っている「時間」に1億円以上の価値を見積もっているのです。**

何十年という単位が現実味に乏しく感じる場合は、1か月、1日、1時間とスパンを短くして考えてみてください。あなたの時間資産に対する解像度が上がり、イメージしやすくなるはずです。月給、日給、時給を参考にするとさらにわかりやすいかもしれません。

たとえば、片道15分かけて少し遠いスーパーまで行き、特売の牛肉を300円の割引で購入できたとします。それを時給で考えてみるのです。

簡単に計算すると、往復30分で300円を得たことになるので、時給で考えると600円です。はたして本当に特売に行く意味はあったのでしょうか。

将来的な時間資産の話も、まったく同じ話です。

これは「特売に行くのをすぐにやめましょう」という単純な話ではありません。**自分の時間を過小評価せず、時間の価値も考えるようにしてほしいのです。**

とにかく、時間には価値があるので、一般的な資産だけでなく「時間資産」も意識することを強く推奨します。

そもそも多くの人は、「自分の時間」を過小評価しすぎています。とくにビジネスパーソンに関しては、忙しい人ほど低く見積もっている印象です。

「時は金なり」や「タイムイズマネー」といった言葉がありますが、まさにそのとおり。本当は、「時間」にも「お金」と同等の価値があり、同じくらい大切なのです。

しかも、状況によっては「お金」よりも「時間」のほうが価値が高いケースさえあります。

また、「時間の価値」は人それぞれ異なります。先ほども挙げたように「時給」で考えるとわかりやすいでしょう。状況や人によってレートはかわりますが、「時間」には「お金」に換算できる価値が確実にあるのです。

それにもかかわらず、**「お金を失う」ことだけを嫌がり、「時間を浪費する」ことには無頓着だとしたら、大きな問題ではないでしょうか。**

「お金」がへっていくのは確認しやすいのに対し、「時間」を無駄にしているのは確認しにくいので、実感できないのも理解できます。だからこそ、強く意識する必要があるのです。

「お金」は、生まれ育った家庭環境、学歴や職歴などに影響を受け、ある程度は制限されてしまう側面があります。つまり、平等ではないともいえるでしょう。

それに対し、「時間」はだれにとっても平等。等しく与えられた唯一のものかもしれません。

「時間はだれにでも平等」といった言葉は紛れもない事実なのです。

ただし、「与えられた時間」が平等なだけです。

1日が限られた24時間なのはだれにとっても同じですが、その使い方によって差が生まれています。現代になって格差が広がり、不平等に近い状況が生まれてしまっているのもまた事実です。時間の使い方が下手なままだと、かなりの損失を被ってしまいます。

「時間格差」の勝者になる〝守り〟のマインドセット

時間の使い方による格差は、今後いっそう広がっていくでしょう。

わかりやすい例でいえば、テクノロジーが進歩すればするほど、それを利用するリテラシーがあり、機械やＡＩを上手に使える人ほど自由な時間が増えていきます。

「機械音痴だから自分でやったほうが早い」などと理由をつけてテクノロジーの活用を避けたままだと、使いこなしている人との「時間格差」は広がるばかりです。

実は「時間格差」が広がる要因は、未来のテクノロジーや機械に限ったことではありません。

現時点でも、日々の仕事を自ら取捨選択し、**「自分がやるべき仕事」に注力してい**

る人は、本当の意味での「自分の時間」を生み出せているからです。

自分の時間を増やし、確保することができれば、その時間を使って新たにお金を生み出すこともできます。そして、そのお金を使ってまた自分の時間を増やして……と時間を運用していくと、加速度的に自分の時間は増えていきます。

つまり、なにも考えないで手だけ動かしている人との「時間格差」はどんどん拡大する一方です。

平等であるはずの時間に格差が生まれてしまうことは、避けようのない現実です。

発端は大した違いではありません。**やらなくていいことをやめられるかどうか。**特別な能力が必要なわけではなく、考え方の転換、「マインドセット」の違いにすぎないのです。

本書では、仕事における時間格差の勝者になるために、まずは、「時間が資産性を持つ」という真実に気づいてもらい、これを頭に植えつけてもらいます。

そして、その上で行動原理を改め、整理していきましょう。

これから仕事のタスクを適切に「なくす・へらす・かえる」メソッドを説明していきます。

このメソッドを実行していくことで、真の「自分の時間」を確保することができるのです。

「できる人」はなぜ優秀なのか？「タイパ」という考え方

「コスパ」という言葉を聞いたことがない人はもはやいないでしょうが、「タイパ」という言葉は聞いたことはあるでしょうか。

タイパとは、タイム・パフォーマンス、つまりかけた時間に対する満足度を表す言葉です。

このタイパ、１９９０年代中盤から２０１０年代序盤までに生まれた世代を表す「Z世代」の若者が重視する考え方としてメディアなどではよく紹介されています。

しかし、Z世代でなくとも、本書を手に取っている読者のみなさんも、きっとこのタイパを重視しているかと思います。

時間はいまも昔も等しく大切な資産のはずなのに、なぜここ最近になってその重要性が叫ばれているのか。その理由は技術の発達にあります。

いま私たちは、自宅から会社への移動中にもスマートフォンで最新ニュースの情報収集をしたり、自宅で家事をしながら耳で英会話の勉強をしたりと、ネットワークやデバイスの発達によって、同じ時間でもできることの幅や量が格段に広がっています。まさにいまあなたが手に取っている書籍も、「インプット効率」という評価軸で、電子書籍やオーディオブックのような新形態のモデルと、あなたの時間を奪おうと競合しています。

技術の進歩はなにもZ世代だけが享受しているものではなく、当然われわれにとっても時間はより貴重な資産となり始めています。つまり、**パフォーマンス（満足度）を求めるようになっているということです。**

そしてこのように、タイパが強く意識され始めた現代では、**「どのようにしてたく**

さんの自由な時間を生み出すか」「そのようにして生まれた時間をどのように有益に使うか」の2つが極めて重要な指標になってきており、これができるかできないかで今後その差は大きくなる、ということです。

さて、あなたの周囲にいる「できる人」を1人、頭の中で想像してみてください。彼・彼女はきっとその優秀さから、タスクや裁量が集まってきていると思います。本来は多忙なはずです。

にもかかわらず、そんな多忙な中でも「自分のやるべきことをやる時間（＝自由な時間）」をしっかりと確保していないでしょうか？　きっとプライベートでも時間を有意義に使っていることでしょう。

そして、そういった余裕を見たからこそ、あなたはその人のことを「できる人」と思っているのだと思います。

時間が資産であるということを理解し、時間資産を味方につける。

それができた暁には、やるべき仕事に集中することができ、上司や顧客など周囲から感謝・評価され、プライベートでも時間を有意義に使えるようになる。

仕事に追われて残業だらけの毎日からは考えられない、人生の可能性が広がる魅力的な世界が待っています。時間の力はそれほどまでに強烈だということです。

第1章

仕事に追われず「自分の時間」をどう確保すればいいのか？

「私がいまやっている作業はすべてやらなければいけないことだ」
読者のみなさんの中でこう思っている方がいたら要注意です。
目の前の業務に忙殺され、思考停止で仕事を進めている人ほど、
「私は忙しいから」とタスク改善という発想に思い至りません。
または、思い至ったとしても、
「面倒くさい……」などのマインドが邪魔して
行動に移す人は少ないのではないでしょうか。
第1章で、「自分の時間を確保する」ためのタスク改善方法を
基本の3つのステップとして解説します。
どの仕事も「やる」が当たり前になっている人にとっては、
大きく新しい一歩となる考え方です。

作業に忙殺される人がいつも考えていること

ある程度の規模以上の組織では、「業務改善」という名のもとに、一定周期で業務の見直しをおこないます。その手順は企業ごとにかわってくると思いますが、業務の棚卸し、業務の評価、改善の実行という流れで進んでいきます。

この要領で、まずは部屋になにがあるのかを網羅的に把握し、いるものといらないものにより分け、いらないものを捨てる……企業でおこなう業務も同じように整理整頓していくわけです。

年末の大掃除のように、企業は（ときには外部のコンサルなどを入れて）定期的に業務の見直しをすることで、会社全体の生産性を上げる取り組みをおこなっています。

無駄な業務に社員の時間を使うのではなく、より会社にとって必要性の高い業務に社員の時間を割り当てる……貴重な資産である時間の配分をかえることで経営的に強い会社を目指しているのです。

本書を手に取っている読者のみなさんも、キャリアのどこかでこの「業務改善」を経験したことはあると思います。

経験はなくとも、「業務改善のイメージがわかない」という人はほとんどいないと思っています。仮にイメージがわかなくても、「業務改善をすべきではない！」なんてことを思う人はいないはずです。業務改善の大切さやその効能は一般的に知れ渡っています。

しかし、**いざ個人の話になると、この業務改善の大切さを忘れてしまう人がなぜか大量発生します。**

会社の業務改善を個人に当てはめると、「タスク改善」になるかと思いますが、絶対にやるべきことだと頭ではわかっていたとしてもできている人は少ない印象です。

私はYouTubeや書籍で発信する傍ら、コーチングという形でさまざまなビジネスパーソンのお悩みをお聞きしています。前述のような「タスク改善できない人」というのは、必ずといっていいほど「タスク改善をする」という発想がありません。**タスク改善をしたいけどできないのではなく、〝タスク改善をしない〟ことを自分の意志で選択している人がほとんどなのです。**

私のクライアントに仕事に追われて精神まですりへらしている女性の方がいました。彼女の話を聞いていると、「作業」に忙殺されていて、「思考」をする時間が明らかに少ない印象を受けました。

本書を書いている間にも世間を賑わせているＡＩが得意なことは「作業」です。私は彼女に、思考よりも作業の割合が増えているのは危険な兆候であるということをお伝えしました。

彼女は、「私がやっている作業はすべてやらなければいけないことだ」と信じていました。「このタスクを終わらせないと別の部署の○○さんが作業できない」「これは数年前からこの部署で必ずおこなっている作業なんだ」と、彼女の作業が無駄でない理由を聞かせてくれましたが、すべてではないものの、客観的にみるとそこには無駄がたくさん眠っていました。

この事例を聞くと、「その女性が優秀ではなかったんじゃない？」と思われるかもしれませんが、この女性のようにタスクの無駄と向き合わない人は多くいます。

なぜこのような選択をしているのかというと、こういった方は〝超短期的〟な思考に陥っているからです。

タスク改善をして無駄を省くことで将来的に得られるはずの「自由な時間」を捨ててでも、手元にあるタスクを少しでも進めたいという気持ちが強いということです。

「今日1000円もらうか、1か月後に1万円もらうか」と聞かれれば、自転車操業で財務逼迫している人以外は後者を選ぶかと思います。こんな当たり前レベルの選択肢であっても、それが時間の話になるとほとんどの人が目先のものを取りにいってしまいます。

実は個人が時間を作り上げる方法も企業のそれとほとんどかわりません。いま持っているタスクを棚卸しし、それらを評価した上で適切な対処をする。まさに業務改善なのです。

具体的には無駄なタスクにかけている時間をより有益なタスクに振り分ける、ただそれだけの話です。

個人だと配置転換のような大技は仕掛けられませんが、無駄な業務・タスクを削減していくという方向性に大きな違いはありません。

そして皮肉なことに「無駄なタスクに忙殺されている人」ほど、その余裕のなさから、タスク改善プロセスが踏めていなかったりします。

つまりここでも、時間に余裕のある人はタスク改善をする余裕が生まれて、より「時間裕福」になっていき、逆に時間に余裕のない人は同じロジックで「時間貧乏」になっていくという格差が生まれ続けているということです。

最初に考えるべきは「この仕事なくせないかな？」

本書を執筆するにあたって実情を知りたいと思い、クラウドソーシングのプラットフォーム「クラウドワークス」で調査を実施しました。ビジネス上の時間管理やスケジュール管理に関してアンケートをおこなったのです。

集計してみると、**限りある1日の業務時間の中で「自分のやるべき仕事をする時間を確保したい」といった悩みを持っている人が多いという事実がありました**（アンケートで抽出した代表的な悩みに対しては、第4章で解決策を提案します）。

実際、時間術の本などを読んで時短のメソッドを勉強している人は多い印象です。ただし、知識をなんとなくインプットをしただけで継続的に実践している人はあまりいないのではないでしょうか。

時間術の代表例としては、名著『7つの習慣』で紹介された「時間管理のマトリクス（アイゼンハワーマトリクス）」が挙げられます。

簡単に紹介すると、「重要度」と「緊急度」を軸にしたマトリクスを作り、「重要である」「重要でない」「緊急である」「緊急でない」の組み合わせによる4つのゾーンにタスクを振り分け、優先度を可視化するというメソッドです（41ページ図、参照）。

とくに「重要である×緊急でない」のBゾーンにあるタスクを実行できれば、将来の価値ある業務を生み出すことになり先行投資につながります。

多くのビジネスパーソンはこのマトリクスの概要を知っているはずです。にもかかわらず、おそらく大半の方は実践していません。

私がコーチングで対面したビジネスマンの99％は、マトリクスに振り分ける以前にタスクの棚卸しすらやったことがありませんでした。タスクが可視化できるだけでメンタルが落ち着くなどメリットは数え切れないのですが、それすらやったことがない人が大半なのです。

● 図 使いこなせれば最強のマトリクスだが、実際は難しい……

タスクを重要度と緊急度で分ける

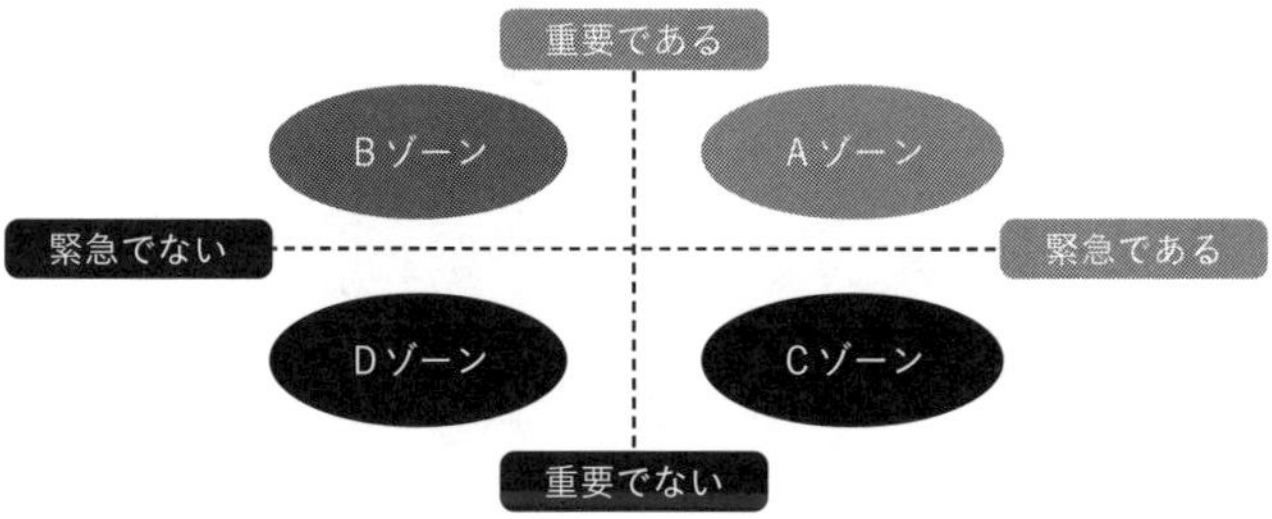

「悩んでいるのに取り組まない」

これは前述のコーチングの女性の例でもお伝えしたとおり、短期的な思考になっていることが原因だと考えられます。

こういったバイアスがかかったままアイゼンハワーマトリクスを使おうとしても、意味がありません。なぜかというと、4つのゾーンにタスクを分けていく際に、客観的で冷静な判断ができないからです。

先のコーチングの女性がこのフレームワークでタスクを振り分けると、ほとんどが「重要である×緊急である」のAゾーンに入ってしまいます。重要でも緊急でもないことを重要・緊急だと錯覚しているからです。このような状態だと、素晴らしいマトリクスも宝の持ち腐れです。
ですが、そのようなバイアスを取り除ける考え方があるとしたらどうでしょうか。
またその考え方をあなたの脳にインストールできるとしたらなにが起こるでしょうか。

私が本書で提案する方法は、組織の業務改善で頻繁に使用されている考え方を個人のタスクに適用させたものです。

タスクに対して、「なくす」「へらす」「かえる」ということができないかを検討し、できることについては大胆に実行していくという方法です。

特に最初のステップである「なくす」というのは、ビッグインパクトで効果が大きいものになります。そのタスクにかかる時間・労力すべてが消え去るので当然といえば当然です。

ドラッカーの言葉に「もっとも非効率な仕事は、不要な仕事を効率化することだ」というものがあります。なくせる仕事の効率化をいくら考えても、なくすインパクトに勝てるわけがありません。

ですが、こうしたことを伝えると「なくすなんて無理！」と反射的に答えてしまう方は多いと思います。

確かに、なくすことができるタスクは多くはないですが、いまあなたが思っているよりも実は簡単になくせたりもします。なぜこれを難しく考えるかというと、あなたの頭の中にこびりついている思い込み・バイアスが邪魔しているだけなのです。

本書では、考え方についてあなたが明日から実行できるようなレベルで解説していきます。

過去に時間を生み出す取り組みをしてみたけどうまく行かなった人は特に、この考え方を取り入れて試していただきたいです。

「やる」が当たり前になっていませんか？

まず考えていくことは、**「そのタスクはそもそもやる必要があるか？」ということです。**

「時間を生み出しましょう」といわれると、通常、タスクを効率的にこなしたり、業務を効率化したりといった考え方になりがちでしょう。

でも実際のところ、そうした細かな時間術よりも優先して考えるべきポイントが、「タスクそのものをなくす」という観点です。

なぜ「なくす」ことが効率化よりも優先されるのかというと、「なくす」を実施することで生み出される時間が大きくなるためです。

業務を20％効率化しても20％分の時間が生まれるだけですが、その業務自体がなくなれば100％の時間が生まれます。

よく「〇％削減」「〇％アップ」のような数字を聞くことはありますが、そもそもなくすインパクトのほうが大きいのは、算数ができればだれでもわかるかと思います。一番手っ取り早く無駄を見直すことができます。

さらに生み出される時間が大きくなる要因として、**業務に追われている人ほど「そもそもなくす」という発想が出てこないからです。**

効率化などは組織でも個人でも検討されるケースが多いのですが、同じ業務をずっと昔から秘伝のタレのように続けている場合、「そもそもなくすことなんて無理」というバイアスにかかってしまい、「やらない」を実行するということは到底できません。タスク視点で考えると、そのバイアスによってうまく生き残れてしまっている状態なのです。

なくすに際しては、「タスクの目的」を考えることが重要です。タスクの見極め方の詳細は後述（66ページより）しますが、タスクをやる目的を考えて、**「はたしてその目的を達成するために、このタスクは必要なのか？」という視点でタスクを評価していきます。**

私はいま、外資系の金融機関で働いていますが、この会社に転職してきた当時、毎週火曜日に若手社員が決まって残業をしているという光景を目にしました。

不思議に思った私がその理由を聞くと、毎週水曜に週報という形で提出する資料の作成にいそしんでいる（ほぼ「追われている」状態）とのことでした。

この週報というのは、前社長が始めた取り組みで、営業の数値を部署全体に共有するためにおこなわれていました。つまりこれは外向きではなくインターナル（会社の中）でしか使わない資料ということです。

最初にこの話を聞いたとき、そんなに時間がかかるのかな？と思いましたが資料を見るとその理由がはっきりしました。

「デザインが凝りすぎている」のです。

週報の目的に照らし合わせると、「情報を伝達する」ということさえできればよいので、「きれいに見せる」という必要はありません。

この〝お化粧〟にかけている時間は、顧客の分析やプレゼンの練習など、より有益なことに使ったほうが会社にとっても重要です。

その事実を知ったあと、私はすぐにこの〝お化粧文化〟をなくしました。**無駄なものはちゃんと「なくす」という発想があれば、客観的にタスクを評価できます。**

この例は週報の話でしたが、より読者のみなさんにも身近な話となると、定例会議などはその代表格です。はるか昔からおこなわれていて、なんのために、だれのためにやっているかわからないような会議をしている会社は多いものです。

各人がこの会社に入ってからずっと開催されてきたために、参加者全員がなんとなく「やって当たり前」と思ってしまっている。そういった会議は、なくしてしまっても問題なく、「会議時間×参加人数」の自由時間が会社にもたらされます。

また、ここまで「まずはタスクをなくせないかを検討しましょう」という話をしてきましたが、どうしてもなくせないタスクというものはあります。

それでも、仮になくせないとしても、**そのタスクは「別にあなたがやる必要はない」かもしれません。**当然、自分がやりたくない業務を同じ部署の同僚などに押しつけて自分だけ楽をするなどという振る舞いは許されません。

しかし、逆に、多忙で苦しんでいる人は、不幸にも職場で業務を押しつけられている「いい人」になってしまっていることも多く、そういった業務はいますぐ本来やるべき人のもとへお返しすべきです。

本書を通してお伝えしたい**「空いた時間でより有意義性の高い**（あなたが本当にやるべき）**タスクに取り組む」という前提さえ押さえていれば、なくせるタスクは意外と多いものです。**

まずは、「できることは全部自分でやる」という固定観念を壊し、状況次第で「タスクは手放せる」というマインドセットにかえましょう。**そして、「この仕事**（タスク）**なくせないかな？」と常に考えるのです。**

効率を上げる時間術のノウハウコレクターになるよりも、タスクをできる限り手放し、不要なものには時間を使わないこと。そうすることで圧倒的な時間が生まれ、時間を有意義に運用できるようになると断言します。

「なくす」ことができなくても、「へらす」ことができるタスク

次に、タスクの無駄を「へらす」作業が必要になってきます。

先ほどのステップでは「なくす」ということを前提にしましたが、**どうしてもなくすことができなかった場合は、「へらす」ことに頭を切り替えましょう。**

前節では「なくす」のすばらしさを繰り返しお伝えしました。しかし、みなさんもなんとなくお察しのとおり、なくすことができるタスクというものは、そこまで多くはありません（そのぶん、なくせたときのインパクトは強いのですが）。ただ、なくすまではいかなくても要素や項目を一部なくす、つまり「へらす」というのは案外できたりするものです。

たとえば、先ほどの例「定例会議」の必要性を検討した結果、「なくすことはでき

ない（＝会社にとって開催することが必要である）」と判断されたとします。
そこで短絡的に「じゃあこれまで通り実施の方向で……」と判断せず、頻度をへらして毎週実施を隔週実施に変更することも可能かもしれません。毎週1時間だらだら開催していた会議も、隔週で1時間と時間を決めたら参加者もこれまで以上に集中できるかもしれません。

頻度以外にも、定期的に報告する項目の数をへらしたり、会議に参加する人数をへらしたり、そうすることによってタスクの効率化が図れるのであれば、へらす対象はなんでも構いません。

重要なのは、これまで思考停止で考えてもみなかった「タスクをへらせないかな？」という発想をすることです。

ビジネスを取り巻く環境というのは、テクノロジーの進化や競争環境の変化によって日々かわっていますので、**過去に「へらせない」と判断されたタスクであっても、あるときから「へらせる」となることも往々にしてあります。**定期的に見直しをおこなうことも重要です。

へらすことを考えるにあたって、「なにをへらせばいいのかわからない」という人は、**タスクに目を向け、そこに隠れている数字に着目しましょう。**

先ほどの会議の例ですと、「開催は週1回」「参加人数は8人」「報告項目は5項目」など、しっかりと目を向けるといろいろな数字が隠れていることがわかります。その数字をへらせるかどうかを検討していくわけです。

ただ、なんでもかんでもへらせばいいというわけではありません。

へらすに際しては、現実性を担保する必要があります。

極端な話、週1回開催していた会議をいきなり四半期に1回に頻度をへらそうとしても、頻度が1／10以下になるような変更は、明らかにへらしすぎです。

なくせるかどうかを評価したときと同様に、定例会議の目的を考え、「その目的を達成するために、はたして毎週やる必要があるのか？」と考えていきます。考えた上でそこまで必要がないということが判明した場合、頻度をへらしていきましょう。

頻度をへらした際に、毎週1時間開催していた会議を隔週1時間に変更できた場合は、もちろん有益な時間を生み出すことに成功していますが、隔週にできたとしても1回あたりの会議時間が倍の2時間になった場合、はたして効率化できているのか？と不安になるかもしれません。

結論、これは効率化できています。

1時間＋1時間は2時間ですが、会議の始まりや終わりには準備や片づけが発生しますし、会議の始まりには議題を思い出すなど、会議モードのスイッチを入れるための時間も必要です。

このように、なくすことが難しい場合は、へらすことができないかをしっかり見極めていきましょう。前述のとおりなくせるタスクは少ないため、へらすというのがタスク改善の大きな武器になります。

「かえる」ことで、未来の自分の時間を確保する

さて、ここまで「なくす」「へらす」という観点でタスク評価、改善実行してきましたが、へらすことすらも難しいタスクというものはあります。

なくせないし、へらせないとなると、あきらめて継続実行していくしかないのかと思うかもしれませんが、ここで検討していくのが「かえることができないか？」という視点です。

なくすことができなくても、へらすことができなくても、タスクの進め方や実施方法を「かえる」ということはできるかもしれません。

ただ、「かえる」というのは、「なくす」や「へらす」よりもイメージがしにくいかもしれません。それもそのはず、「かえる」というのは前の2つのステップほど定型

的ではないからです。

タスクを進める手順をかえたり、タスク処理の方法をかえたり、マニュアル（入力）でおこなっていたタスクにシステムを導入するなどです。

たとえば、月に1回、部署ごとに社員の有給休暇取得日数を報告するような取り組みを人事部がおこなっているとします。各部署からメールで送られてきた日数の情報を、人事部の担当者が目で見て確認し、人事部フォルダにあるExcelに手で入力する。そんなタスクがあったとします。

（ここでは、わかりやすくするために、あえて前時代的な方法を挙げています）

このタスクは、いくつかの点で「かえる」ことができます。

まず、最終的にExcelに入力するのであれば、「報告フォーマット」を作成することはできそうです。フォーマットを事前に作成し各部署に共有しておくことで、人事部の担当者はそのフォーマットさえ確認すればいいので、数字を見落としたり見間違えるなどのヒューマンエラーの可能性は限りなく低くなります。

また、Excelを使うのであれば、そもそも数式を利用して自動で入力されるように準備もできます。数式が苦手だ、という方も、はじめから各部署に「人事部フォルダにあるExcelに入力してください」と依頼することだってできるはずです。

さらにいえば、外部の勤怠管理システムを導入して、フローをすべて自動でできるように仕組みを整えてしまえば、万事ＯＫでしょう。

この事例はわかりやすさ重視のため、ややレベルの低い取り組みをピックアップしましたが、私がコンサルティングファームに勤めていたときや金融機関で社内コンサルとして働く中で、さまざまな課題と対峙すると、**このような「こうかえたほうがよい」ポイントはかなり多かったです（第三者的に見たら、「なんでこんな非効率的な方法をとっているんだ」と不思議に思うようなことです）。**

そして、改善対象のタスクをおこなっている人は、その手順でずっとタスクを進めてきていたというバイアスにより、疑うことすらしていなかったのも印象的でした。

では、定型的ではない「かえる」の方針をどのように考えていくのか。

大切なのは、そのタスクが「どのような構造の中で目的の達成に寄与しているのか」を考えることです。**「結局、なにを達成しさえすればいいのか」、この仕組みを理解していないと、方法や手順をかえたことで誤った方向へ向かうようなタスクにかわってしまいます。**

こう聞くとやや窮屈に聞こえるかもしれませんが、逆にいうと、「結果的に達成すべき事柄」さえ間違えなければ、なにをどうかえても問題ないということでもあります。

かえるというのは、タスク改善の3ステップの最後の砦です。このステップが終われば、「もう改善すべきポイントはない」というレベルにまでなっていないといけません。前の2ステップでも、再三お伝えしてきた「バイアスを消すべし」というお話はこのステップでも同様です。

「さすがにここまでやってきたし」というところから、もう一歩行ったところにクリティカルな改善ポイントが眠っているかもしれません。

見極め方の詳細は後述しますが、心持ちとして、最後の砦だという意気込みは持っておきましょう。

「かえる」という作業は、その時点でさらに新たなタスクが発生することがほとんどだと思います（依頼したり、相談したり、資料を作ったり、見積もりをとったり……など多岐にわたるでしょう）。

この新たに発生するタスクを想像すると、「かえなくてもいいか」「そのままでもいいか（大きな問題はないのだし）」などと考えてしまい、なかなかアクションを起こせなくなる気持ちも十分に理解できます。

しかし、この面倒くささのハードルを越えることができれば、未来の自分の時間をしっかり増やすことができるでしょう。

メンタルが折れそうになるときは、ぜひとも時間資産を有効に活用している未来の自分をイメージしてください。

「なくす→へらす→かえる」というのはゼロベースの見直し

ここまで①「なくす」、②「へらす」、③「かえる」という順序で、あなたが持つタスクに対して評価をしていき、評価の結果に応じて時間を生み出しましょう、という話をしてきました。

なぜこの順序で進めるのかというと、時間を生み出すことを目的とした場合は、**なくせるタスクに対して「へらせるか」「かえられるか」ということは考える必要がないためです。**

「へらす」と「かえる」の関係性についても同じことがいえて、へらせるタスクに対して、「かえる」という措置を取れたとしても、結局へらすことができれば、その検討作業が無駄になってしまうことがあるためです。

つまり、「なくす→へらす→かえる」という3つのステップはこの順序でおこなう必要があります。

私の友人にフィジーク（※ボディビルのうち、全身の均整を見る部門の名称）の大会に出ている方がいます。

彼は大会の数か月前になると身体を仕上げるべく、スイッチを入れて食事制限やジム通いを本格化させていくのですが、はじめは身体の変化が如実にあらわれます。ぐんぐんと脂肪がへり絞られていきます。

しかし、大会当日が近づき、ほぼほぼ「仕上がっている」身体になると、その変化量は少なくなります。

では、数か月前にやっていたことを大会当日までやり続けた方がよいのかというと、けっしてそんなことはありません。

最初はガッツと脂肪を大きくへらせる箇所（部位）に焦点を当てて身体を作っていきます。そして、だんだんと最初の取り組みでは対処できない箇所にきめ細かく対応していくというイメージです。これはなくす↓へらす↓かえるステップに近しいものを感じます。

そして、3つのステップで共通してお伝えしてきたことが、**「バイアスを捨てましょう」ということでした。**

この3ステップに限らず、なにかを見直したり改善したりする場合、「いかにバイアスを捨てられるか」「いかにフラットに観察できるか」というのが勝負を分けます。それほどまでに、**「これまでずっとおこなってきたこと、これまでずっと採用してきた手順」に対しては盲目的になってしまいます。**前例を疑うというのは、それほどまでに高カロリーなのです。

なくす、へらす、かえる、どのステップにおいても、このバイアスがあると、取り組む価値がグッと下がってしまいます。後述の実践編としての見極め方で詳細をお伝えしますが、ゼロベースで見直さないとやる意味がないということは、ぜひ押さえておいてください。

また、前述の3ステップを読むと、タスクごとに「これはなくす」「これはかえる」と、方策が対応していくものと考えがちです。

しかし、**実際は1つのタスクでも「この部分はへらしつつ、この部分はかえる」のように複合型で執行していくことになることが多くなります。**

「顧客へのプレゼン」と一言にいっても、顧客の課題を発見し、資料の構成を考え、実際に資料を作成し、顧客のアポを取り、実際に訪問してプレゼンする、と小タスクに分解されます。

資料の構成を考えるプロセスではこれをへらし、顧客のアポの取り方をこうかえる、といった形で、複合型で攻め入ることになるということを覚えておきましょう。

実践編

いまある仕事を「なくす」「へらす」「かえる」ための思考法

さあ、ここからが具体的なタスク整理の時間です。
①なくす、②へらす、③かえる、という順番で、
いまある仕事を整理するために
必要な見極め方をお伝えしていきます。
あなたが、いま実際にかかえているタスクや業務、
ルーティンワークを思い浮かべながら読んでいただくと、
より理解が深まり、明日からの仕事に活かせるはずです。
本章で出てくる「口ぐせ」や「思考の癖」を意識するだけで、
「自分の時間」が増え、
仕事のモヤモヤや悩みをへらすことができるでしょう。

ステップ 1

「なくす」タスクの見極め方 〜2つの口ぐせで判断する〜

■「これ、なんのためにやっているんだっけ?」

私は仕事柄、よく「会議（打ち合わせ）」に招集されます。

販売計画を立てるための会議やマーケティング戦略を検討する会議など、種類はさまざまですが、**会議に参加するときはかならず「この会議のゴールはなんなのか」「この会議が解決すると期待される課題はなにか」を確認しています。**

目的が明確なことがほとんどですが、中には「目的が見えない会議」も存在します。

この「目的」という観点は、タスクを効率化していく上で非常に重要です。改めて説明する必要はないかもしれませんが、目的のないタスクは、文字通りやる必要がないからです。

「そんなの当たり前じゃん！」と思うかもしれませんが、**目的のないタスクに多くの時間を取られている人は想像以上に多くいます。**

みなさんが普段やられている業務の中にも、

- 以前からルールや慣習としておこなっているもの
- 上司から頼まれておこなっているもの
- 締切に追われ、とにかく間に合わせるために手を動かしているもの

などはあると思いますが、これらは「改めて目的を考える必要がない」と思いやすく、そもそも目的がなかったり、目的自体がズレていたりする可能性があります。

もしかすると、「目的があるからこそ、前からおこなわれているし、上司も頼んでいるし、締切もあるんじゃないのか」と思うかもしれません。

ですが、そういったバイアスの隙間を縫う形で、これまでの担当者の精査の目から

逃れ続けているということも考えられます。

限られた時間の活かし方が巧みな人には決まって、**「これ、なんのためにやっているんだっけ」といった口ぐせがあります。**実際には、頻繁に口に出すことはないかもしれませんが、思考の癖として、目的について意識しています。

みなさんも、まずはこの口ぐせを意識してみるのはいかがでしょうか。**小さいタスクでも、思考停止して取り組む前に、一言つぶやいてみるのです。**結果、そのタスクがなくせなかった（必要だった）としても、業務が整理されたことは間違いないので、仕事への向き合い方もポジティブになるはずです。

とにかく、再度目的を考えてみることは必要です。目的があることがわかったら、後続プロセスの「へらす」や「かえる」ができる可能性が上がりますし、なにより目的がわからないまま作業をするような作業ロボットから脱却できます。

■「やらなかったら、なにが起きるのか？」と考える

また、タスクをなくすべきかどうかの見極めに、タスクが生み出す価値で測る場合もあります。

目的という観点では「なんのためにおこなうのか（これ、なんのためにやっているのだっけ）」という視点で見てきましたが、**価値で測る場合は、「そのタスクをおこなわなかったらどうなってしまうのか」というインパクトで判断することになります。**

大切な人や大切にしているものなどは、なくしてから初めてその価値を重く感じるように、究極、そのタスクの価値はなくしてみないとその必要性はわからないことは多いのです。

とはいえ「なくす」を試しにやってみる、ということができないタスクも多くあると思います。その場合は、シミュレーションでも構わないので、**「やらなかったら、なにが起きるのか？」を考えてみましょう。**

もちろんなにかしらは起きると思いますが、「だからなくせない」と短絡的に考えるのではなく、もう少し踏み込みましょう。

「それが起きたら本当に問題なのか？」「ほかの方法でそのインパクトは防げないか？」などを考えていきます。

ここでは、「なくす」「へらす」「かえる」の見極め方をお伝えしていきますが、抽象的な話が続くとイメージもしにくいですし、肝心の読者のみなさんが実行できないということになりかねないので、とある組織の「定例会議」を対象に、考えていくことにします。

タスクの目的の「全貌」はわかりますか？

たとえばいくつかの部署を招集する定例会議を週に1回やっている部門があるとします。

この定例会議では各部署が週次のデータをはじめとし、いまある課題や今後の目標などを全部署に報告し、部門全体で情報を共有しています。

あなたはその定例会議に参加するＣＳ（カスタマーサポート）部署の社員で、毎週おこなわれているその会議で、現場から上がってくるお客様の声を経営陣をはじめとした各部署の社員へ報告・共有するというミッションを抱えています。

まずは「なくす」ことができないかを考えていくわけですが、前述のとおり目的を考えてみましょう。

定例会議に出席する目的は「各部署の情報を全部署（部門全体）に共有するため」です。

ここまでだと「タスクの目的」の全貌は見えてきていないので、より上位の目的まで考え、「情報共有はなんのためにするのか？」と考えます。

ここで「ＣＳ部署が報告するお客様の声を経営陣に届けることで、経営戦略や各施策の重要な意思決定の判断材料として活用してもらう」など、明確な上位目的が出てきた場合は、「なくす」必要はありません。

しかし、**「あれ？　この情報共有（報告）ってなんのためにやっていたんだっけ？」となった場合、それは目的や価値がないということですので、このタスクは「なく**

す」ことを検討しましょう。

「この業務報告って、だれのためにやっているんだろう？　興味なさそうだな」
「もしかして、この情報共有、ちゃんと聞いている人っていない？」
「形式的にデータを報告しているだけの気が……。この時間って無駄？」

日々の業務でこんな思いを抱いていたら、あなたの時間が搾取されている可能性は高いです。すぐに「なくす」の検討に入りましょう。

検討の際、「なくしてみたらどうなるか」と価値ベースで考えて、「別に大きな問題は起きない」という解が出てきたら、それは「なくしていいタスク」なのです。

勘のいい方はすでにお気づきかもしれませんが、「上位目的で考えること（なんのためにそれをやるのか？）」と「価値で考えること（なくしたらなにが起きるか？）」は同じことをしているのです。

このように目的や生み出す価値でタスクを評価し「なくすことができる」に該当したものは、なくすための措置を開始します。

あなたの中でなくすと決定したとしても、組織の中で動いている以上、依頼者や上長・上司（管理者）になくすと宣言をしたり、場合によっては彼・彼女らの承認を得る必要があります。

このあたりは第2章を中心に説明しますので、ご確認ください。

ステップ
2

「へらす」タスクの見極め方 〜「数字」に着目する〜

■業務に出てくる「数字」をへらせるか

続いて、あなたの業務やタスクを「へらせるのかどうか」を考えていきますが、**このステップでは「なにさえできていればいいのか」を考えていくことが必要です。**

通常、アウトプットの質は、それにかけられた時間や労力、人数などに比例しやすいので、「頻度」「回数」「人数」などをへらせば、そのアウトプットのクオリティは下がります。

野球の練習を毎日する小学生と、週に1回しかしない小学生がいた場合、個人差はあれど毎日練習したほうがうまくなるでしょうし、1人で教室を掃除するよりも、クラス全員で掃除したほうが早く終わります。

このように、タスクにかけられる数というものは「多ければ多いほどいい」というものがほとんどです。

しかし、「リソース」という観点を入れると、少し話がかわってきます。頻度も回数も人数も、多くすれば多くするほどコストがかさんでしまうからです。理想としては「ちょうどいいところ」で数字を設定すればいい、ということです。

では、どのようにその「ちょうどいいところ」を見つけるのでしょうか。

そのラインを見極める上で考えなくてはいけないのは、前述した「なにさえできていればいいのか」です。**必要最低限のラインをクリアさえすれば、可能な限り少なくできるということです。**

先ほどの定例会議を例にとって「へらす」の見極め方を見ていきましょう。前提として「へらす」を検討しているということは、「なくす」必要がない（つまり目的がある、なくしたら困る）と判断されたということです。

この定例会議は、「週に1回、部門全体で実施をしている」ということです。

このタスクに対して「なにをへらせるだろうか」ということを考えていくのですが、まず目につくのが「週に1回」というところです。数字があるのでわかりやすいですね。

そして、もう1つ「へらす」ことができそうなところもあります。それは、人数です。会議の人数、部門全員が一堂に会す必要はないかもしれません。

ほかには、「時間」も考えられます。1時間の会議だったら、45分や30分に短縮できるかもしれません。

このように、52ページでも述べたとおり、**まずは明らかな数字として表に出てきているものに着目しましょう。さらには裏に数字を隠し持っている項目も多いので、しっかり確認していきましょう。**

■「なにさえできていればいいのか」で判断する

ということで、ここでは「頻度」と「(参加）人数」をへらすことができないかを考えていくことにします。

どのように判断していくかは、「この定例会議で、なにさえできていればいいのか？」という観点が必要になります。ここまでお話してきた「目的を考える」ということに直結する考え方です。

前節の「なくす」の見極めのところでお伝えした目的の1つ「CS部署が報告するお客様の声を経営陣に届けることで、重要な意思決定の判断材料として活用してもらう」というもので考えていきましょう。

まず「頻度」を考える上では、お客様の声が週にどれくらい届くのかを検査する必要があります。ここで「月に1〜2件」ということであれば、週次で実施する意味は明らかにありません。

もし、あなたが報告の担当者なら、週1から月1への変更を申し出るべきです。場合によっては四半期に一度でもいいかもしれません（クレームのような声は例外的にすぐに対応する)。これは、「へらす」の対象になりそうです。

もしくは、この例でいう「お客様の声」(報告すべき情報量)が少ないのなら、「頻度」以外にも、たとえば資料の枚数をへらしたり、報告の時間を短縮したりするなど、意外に「へらす」ことができるタスクはあるはずです。

「たったそれだけへらしたところで……」と思うかもしれませんが、パワポ1ページなくすだけでも、報告時間を5分へらすだけでも、日々あなたにかかる負荷は想像しているより軽くなるはずです。

これくらいなら、担当者レベルでも自分の判断でおこなえると思います(もし上司になにかいわれたとしても、特に大ごとにはならないでしょう)。

みなさんも自分の業務に置き換えて、少しでも「へらす」ことのできる業務を発見してください。

■「人数をへらす」ことは大きな〝時間〟をもたらす

さて、次に「(参加)人数」を見ていきましょう。

この「へらす」作業は、どちらかというと会議の主催者となる方（またはそれに近い立場の方）に当てはまるかと思いますが、参加者の方々にとっても自分の時間を確保する上で必要な考え方になります。

「参加できる人は全員参加したほうがいい」と考える人は、仕事におけるコスト意識が低いかもしれません。

目的さえ満たせれば、可能な限り参加人数は少ないほうがいいのです。組織全体で考えると、しなくてもいい従業員の拘束は損失となります。

個人で考えると、当然その無意味な時間は、別のタスクにあてたいでしょう。

さて、定例会議の目的は、「ＣＳ部署が報告するお客様の声を経営陣に届けることで、重要な意思決定の判断材料として活用してもらう」というものでした。

この場合、ＣＳ部署全員が出席する必要はあるでしょうか？

会議の中で、「そのお客様の声、詳しく聞かせて？」「どういう対応を取ったの？」

「どういう反応だった？」と即レスが求められ、価値のあるやり取りがおこなわれるような場の場合、これは担当者全員が参加したほうがいい、という判断になります。

一方で件数だけを報告するような会議の場合は、部長やリーダー的な役職の人だけで十分ということになります（もしくは、ほかに担当者1名のみ、など）。

会議やミーティングの主催者となる方は、人数のコスト意識を持つことで、「へらす」タスクを見極めることが必要です。

出席者の方も、こうした観点があれば、「自分が出席すべきか」という思考に切り替えられます（これは、本人にとっては、インパクト大の「なくす」作業になるかもしれません）。

当然、組織に属していれば、上司の指示により会議に出なくてはいけない、ルールとして全員出席など、さまざまな制約はあるかと思います。

しかし、そういったハードルを越えてでも、自分の置かれた状況によっては会議やミーティングの「人数をへらす」という点にフォーカスしてみてもいいと思います。

このように「目的のために〝最低限〟なにが必要なのか?」という観点で、数字を削っていくという思考が、「へらす」を進めていく上で重要になってきます。

目に見える数字はもちろん、裏に隠れている数字にも敏感になって、なにをどこまでへらせるか、検査していきましょう。

ステップ3

「かえる」タスクの見極め方 ～「別に○○しなくても」という視点～

■重要なタスクをさらに最適化する

最後に「かえる」ことができるかどうかを見ていきます。

この3つ目のステップまできているということは、「なくす」こともできず、「へらす」ことができたとしても、まだなにかしらの余地があるということです（なくせていれば当然ですが、極限までへらせていれば、このプロセスは不要になることがほとんどです）。

そういった、ある意味「それなりに重要なタスク」というところです。ではここで思考を止めていいのかというと、答えはNOです。

最後のステップとして、はたしてその仕事は「かえる」ことができるかを見ていきましょう。

結論、このステップでは、「結果的に達成すべき事柄」を守ることが求められます。というか、それさえ達成できれば、途中どの道を通っても結果はかわらないということです。

しかし、結果はかわらなければどのルートを通ってもいいのかというと、そういうわけではなく、いま私たちは時間を生み出すためにタスクを精査しているわけですので、当然「一番早く達成するルート」「コストがかからない、かつ最短のルート」など最適解を選ぶ必要があるわけです。

■「別に◯◯しなくてもいいんだけど」という視点

さて、ここでも「週に1回、部門全体で開催している定例会議」を使ってどのように「かえる」のか、見ていきましょう。

ここでは「かえる」のプロセスに集中したいので、いったん「なくす」ことはもちろん、「へらす」こともできなかったと仮定しましょう。週に1回、部門の全員で集まる必要があると判断されたということです。

定例会議の内容を、今回のステップで検討すべきところに絞って振り返ると、

・週に1回、部門全体で実施をしている
・CS部署が報告するお客様の声を経営陣に届けることで、重要な意思決定の判断材料にしている

となります。

このプロセスでは「結果的に達成すべき事柄」を見ていく必要があるので、ここでCS部署が達成すべき事柄を考えていきましょう。

「経営陣が意思決定をする際の判断材料として、CS部署が管理している顧客の情報（お客様の声）を経営陣に届ける」というものです。

もし、これさえ達成できるのであれば、

・会議で個別のお客様の声を紹介しなくてもよく、意思決定に影響を与えそうなものに絞ってよさそう
・意思決定では、お客様の声の断面ではなく時間軸での変化、商品別やカテゴリ別のデータを見せたほうが判断がしやすそう、経営会議に役立ちそう（いつも経営会議のあとに推移のデータを求められる、など）

ということがわかりました。

ここで重要な視点は、「別に○○しなくても目的は達成できる」という思考です。

前記の2つの「かえる」は、特段かえなくても大きな問題にはなりません（ならないからこそ、ずっとこのやり方でやってきた）。

しかし、「別に○○しなくてもいいんだけど」という視点で見ていかないと、どのような改善活動も「やってもいいけどやらなくてもいい」という判断になってしまいます。

前記2つの取り組みは、以下のようなメリットが隠れています。

・会議で個別のお客様の声を紹介しなくてもよく、意思決定に影響を与えそうなものに絞ってよさそう
↓「経営陣以外の会議出席者全員の〝ただ聞いている〟時間を削減できる」「各人が要約やまとめをする必要がなくなる」
・意思決定では、お客様の声の断面ではなく時間軸での変化、商品別やカテゴリ別のデータを見せたほうが判断がしやすそう、経営会議に役立ちそう
↓「テキスト情報で伝えるよりも経営陣の判断の質・スピードが上がる」「いつも経営会議のあとに推移のデータを求められるので二度手間にならない」など

「かえる」のステップでは、このように、「かえなくてもいいけど、かえたほうがいい」というものがあぶり出されてきます。

そこに敏感になれるかが「仕事のセンス」につながります。

そして、このケースでは、テキストで報告していたものをグラフで表したり、商品別に集計し直したりと手間が増えています。

これでは「時間を作るためにやっていたはずなのに、より多くの時間がかかってしまうじゃないか」と思うかもしれません。

しかし、そもそも時間を生み出す目的に立ち返ると、「無駄な時間を浮かせて、より有意義性の高いことに取り組む」ということでしたので、まさにこれを最短距離で進んでいることになります。

繰り返しになりますが、「なくす」「へらす」をくぐり抜けてこのステップまで残っているタスクは、組織にとっては重要な仕事です。

このタスクの手順や進め方をよりよい方向にかえたというのは、付加価値以外のなにものでもありません。

Column

業務がうまく進まないと感じたら試してほしい「かえる」方法

「かえる」の方法は数多く存在します。だからこそ迷われる方も多いと思います。ここでは、私がこれまで経験してきた有効な「かえる」をみなさんにご紹介させていただきます。

■ 定型化

まずは、「定型化」が挙げられます。

あまり聞きなじみのない言葉かもしれませんが、手順が型として決まっていない「非定型」の業務を特定し、もっとも有効な仕事の流れ（業務フローや業務プロセス）に改めます。

この定型化によって、いつ、だれがおこなっても同じ流れで業務を進められること

になります。こうすることで、各作業の仕事量を正確に割り出し、人員の配置などが最適化されます。

また、定型化された業務は「マニュアルの作成」が可能になり、作業者によるばらつきがへり、ミスや漏れが発生しにくくなります。またこのマニュアルは、担当者が退職・異動した際にもスムーズな引き継ぎが可能になるなど、業務効率化をあらゆる側面で支援してくれます。

■ **順序変更**

次に、「順序変更」も有効です。

「順序を変更するだけで、やることの総量がかわらないのであれば、本当に効率化(時短)はできるのか?」と考える方もいるかもしれませんが、その答えは「ＹＥＳ」です。

たとえば上司に指示されて、顧客向けのプレゼン資料の作成をおこなう場合、正攻法としては、まずは資料の骨子を考え、上司に構成を確認し、各スライドを作っていく、という流れになるかと思います。

しかし、もし順序をかえていきなり資料を作成し始めると、どういうことが起きるでしょうか。

本来なら、資料の骨子を作成する段階で気づけていた致命的なミスを犯してしまうことも考えられるでしょう。

また、スライドを作りながら構成を考えるのは、さまざまな思考と作業を同時進行でおこなわなければならず、時間が取られ大変なタスクになるのが想像できます。

さらには、上司の確認の前にスライドを作成した場合も、「先に確認してくれたら、この部分を指摘できたのに……」と、修正や変更に余計な時間がかかってしまうという状況が発生する可能性が生じます。

以上のように、順序によってタスク完了までのスピードがかわることは往々にしてあります。

現在の業務の流れの中で、なんかスムーズにいかないな、ストレスがかかるなと感

じている場合は、「順序変更」に着目してタスクを整理してみることをおすすめします。

■ 簡素化

最後に、「簡素化」を紹介します。

これは一番イメージしやすいかと思いますが、**たとえば社内でしか使用しない資料のデザインに凝りすぎて無駄に高クオリティなものを作ったり、定例会のような朝礼で発表する話にこだわりすぎたりするなど、「やりすぎなものをやらないようにする」というものです。**

そして、こうした動きは多くの外資系企業などでも推進されています。この簡素化では「結局、なにが担保されていればいいのか？」という「へらす」と同じような発想で進めていけばよいのですが、なにか数値的なものをへらすわけではないので、「かえる」に該当します。

「へらす」では量の観点で話してきましたが、「かえる」の中のこの「簡素化」では質の観点でへらす・かえるという発想をしていくことになります。

アウトプットのクオリティを上げるために努力している姿は素晴らしいのではないかと思う方もいるかもしれませんが、会社はあなたの時間に対してお金（給料）を払っており、そのお金を無駄に使っている場合は組織への貢献が少ないということになります。

会社から報酬をもらっている以上、「頑張っているっぽく見える」ことよりも「組織に貢献している」ということを目指すべきです。

Column

夜は自分に質問して「なくす」「へらす」「かえる」ことを整理する

ここまで、3ステップを用いていま向き合っているタスクを整理する方法を説明してきました。

ここでは、タスク整理のタイミングについて簡単に話したいと思います。

おすすめは、夜、その日のタスクの「棚卸し」をすることです（終業時間間際でもいいかと思いますが、業務から時間が経って頭が冷静になっているときは客観的に考えられるので、試してみる価値はあります）。

その際は、自分自身に質問をすることで、強制的に頭を整理するのがおすすめです（毎日が難しい人は定期的におこない徐々に習慣にしていきましょう）。

まず、「今日、やらなくてもよかったことはなに？」と自分自身に質問を投げかけ

て、**不要だったかもしれないタスクについて考えてみましょう。**
「あの会議は参加する必要がなかったな」や「あのデータ収集は意味がなかったな」など、やるべきではなかったタスクを思い出してみてください。その結果を踏まえ、できる限り手放すためのアクションに落とし込みましょう。

次に、「今日、要領が悪かったと思うことはなに？」と自分に問いかけてみましょう。これは、主に「へらす」「かえる」のアクションにつながるような改善点を見つけ出すための質問です。

「あの会議資料はあそこまでデザインに凝る必要がなかったな」や「商談先にあの資料を持っていくべきだったな、あのデータを作成するべきだったな」、「あの会議にあんなに時間をかける必要はなかったよな」などと、改めて自分の業務を思い浮かべてみてください。

そして、明日（次）からは「なくす→へらす→かえる」の3ステップに落とし込み、やり方を改善しましょう。どうアクションするかを考え、細かなタスクに落とし込めば実行できます。

このように自分への質問を活用しながら、記憶が新鮮なうちに「効果的な時間を生み出せる」タスクを見つけ、整理するようにしてください。

第 **2** 章

自分の時間を守るためのコミュニケーション術

「なくす」「へらす」「かえる」ことを
うまく伝えられますか?

組織で働く以上、１人だけで仕事をする人はほぼいません。
「なくす」「へらす」「かえる」といっても、
実際に行動を起こすとなると、
報告、連絡、相談(報連相)、提案、交渉、依頼……と、
相手に納得して「ＯＫ」をもらわなければなりません。
また、新規の依頼を「断る」(断りたい)といった
ストレスのかかるシチュエーションも多々あるでしょう。
第2章では、実際の「伝え方」に焦点を絞り、
タスクの整理を本気で実行するための方法をまとめました。
「自分の時間」を死守するための
コミュニケーション術を習得しましょう。

自分の時間を守るためのコミュニケーション術
「なくす」「へらす」「かえる」ことをうまく伝えられますか？

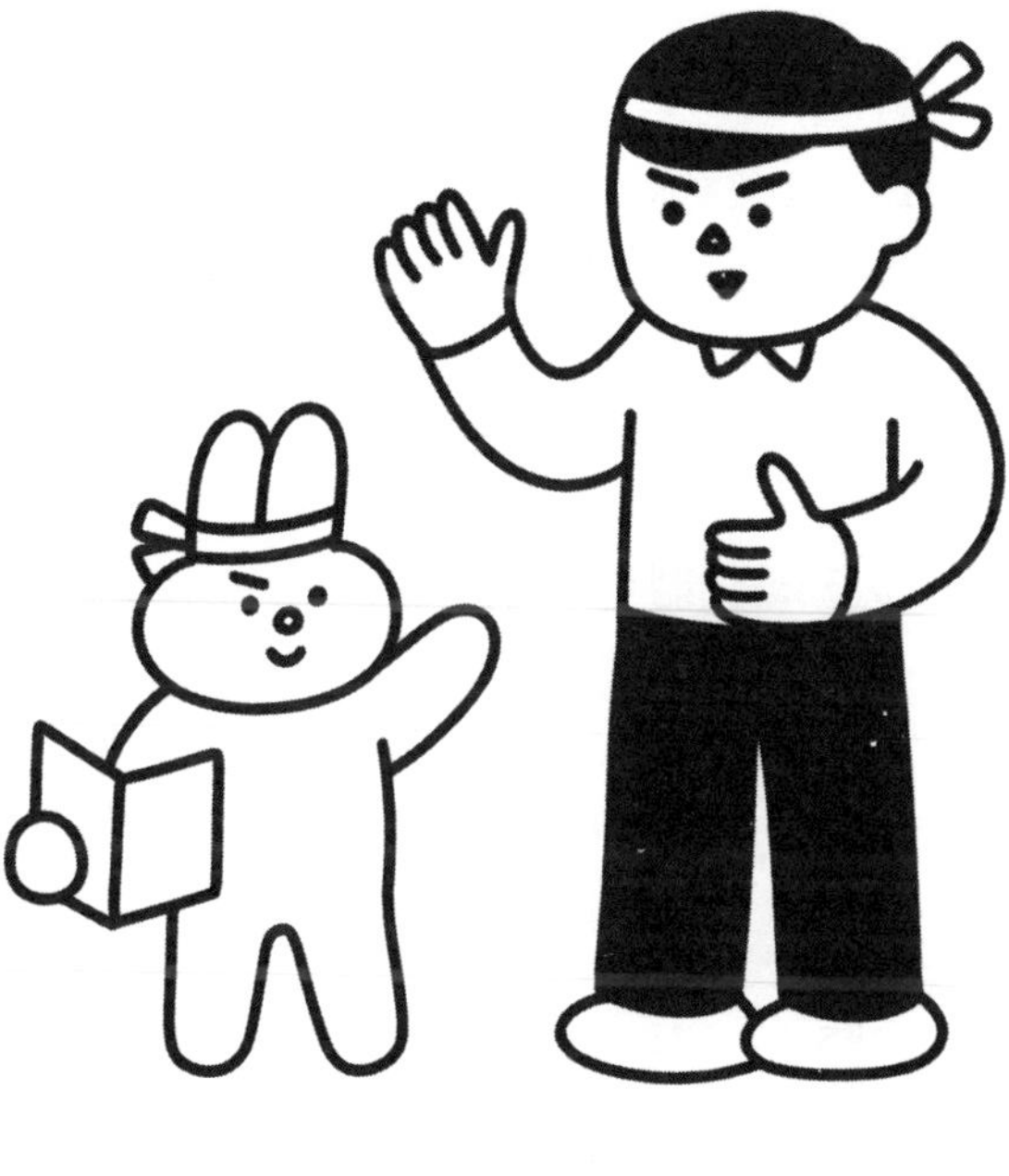

「変化する」ことへのストレスと「伝えにくい」という感情

ここまで「なくす」「へらす」「かえる」、この3つを実行することであなたに自由な時間が生まれる、ということをお伝えしてきました。

そして、「なくす」は、なかなか実行するのは難しいけれども、実行できた暁には多くの時間が生まれます。そして「へらす」「かえる」に進むに連れてその効能はへるものの、対象は広がっていく、そういった話をしてきました。

しかし、ここまで読み進めてきた人の中で、**「いっていることはわかるけど、それをするのが難しいから、いますごく忙しいんだ」とモヤモヤしている人は多いと思っています。**

それはそうです。「お金持ちになりたいなら大金を稼ぎましょう」、「難関大学に受かりたいなら、合格点以上を取ればいいですよ」といわれたときのような、「できたらやっとるわい」という状態かもしれません。

私はビジネス書を複数執筆しましたが、書いているとき、いつもある問いにぶつかります。その問いとは、「読者を動かすまでの力があるか」というものです。「正しいこと」、いわゆる正論はだれでもいえます。だれでもいえるし、究極的には無価値です。というのも、「勉強したほうがいい」のような正論は、読者にとって既知でしかないからです。つまり「わかる」と「できる」の差はとてつもなく大きく、その狭間を超えさせる助言をしないと意味がない、ということです。

話を戻します。ここまで、私は「こうすればこうなる」という当たり前のことしかお伝えしてきませんでした。だからこそ読者のみなさんの多くが、「できたらやっとるわい」状態になっている可能性は高いと思います。

ですので、この章では、みなさんが抱える現実的な問題やリアルな職場環境も鑑みた上でも使える、アクションプランとしての「時間的な余裕を作る」方法をお伝えしていきます。

あなたを含む従業員と雇用契約を結んでいる企業は、従業員がサボるために時間を確保するような行動を許しません。ですが、より会社にとって有益な行動を取るために時間を確保する行動であれば歓迎します。平たくいえば、「会社のために捨てるべきものを捨てる」「会社のためにやるべきことをやる」というのは、どんどんやってほしいのです。

もしかすると、いまあなたがやっている「これってどんな意味があるんだろう？」というタスク、あなたの疑問のとおり会社にとって無意味かもしれません。しかし、なぜあなたも、あなたの周囲も、それをやり続けることをやめないのでしょうか。これには大きく2つの理由があると思っています。

まず1つ目は、「変化することへのストレス」です。人は変化したくない生き物です。コンフォートゾーンとかホメオスタシスなどという専門用語でも解説されるように、人間は本能的に「かわることはリスクだ」と感じるようになっています。

前の担当者も、その前の担当者も、ずっとずっとやり続けていたタスクに対して、「やり続けること」よりも「やめる（やり続けるということをかえる）こと」のほうが大きなストレスがかかるということです。この作用によって、「続けよう」という考えになってしまいます。

ですが、ここまでお読みいただければ続けるべきかを感情抜きで判断できているはずなので、ストレスに負けずに正しい選択ができると思います。


そしてもう1つの要因は、（こちらのほうがやっかいなのですが）「（なくす・へらす・かえるということを）伝えにくい」という点です。これはみなさんも共感できると思います。

さらに、次節で説明しますが、お願いされた仕事を「断る」というケースも想定され、これは相手の期待をある意味で裏切る行為であり、人によっては「嫌われるかもしれない」という感情が出てくるかもしれません。この感情が出てくること自体はなにも悪いことではありませんが、冷静な判断の邪魔をします。

では冷静に判断するとはどういうことなのか。それは、「なくす（断る）・へらす・かえるメリット」と「なくす（断る）・へらす・かえるデメリット」を比較し、どちらを選ぶかを検討することです。

この天秤のかけ方は次節以降で詳しくお伝えしますが、なにかを依頼されたり、仕事を投げられたりしたとき、感情が動いて突発的に「やります！」と答えたくなるときにこそ、冷静になることが重要です。

なにもすべてのタスクを「なくしなさい・へらしなさい・かえなさい」とはいっていません。すべての依頼を断りなさいという意味でもありません。

ただ、指示されるまま思考停止でやり続けるのはやめましょう、少なくとも突発的に無思考でOKを出すのはやめましょう、という話です。

あなたがやるべきでない仕事を続ける、引き受けるというのは、周囲にその相手にいい顔をしながら、未来の自分に仕事を押しつけている八方美人であるということです。心当たりはないでしょうか。

つまり、「なくす」「へらす」「かえる」のロジックはわかったけど実際に職場でどうすればいいの？　と思う方こそ、マインドセットをかえることが第一に必要なことなのです。

時間は作ろうと思わないと作れません。あなたの周囲にいる「時間に余裕のあるあの人」は、なんとなく時間が降ってきているわけではなく、時間を作る工夫や努力をしているということです。この点でサボッていないんです。

次節からは具体的にマインドセットをどうかえるのかについて解説していきます。

自分がやるべきではない仕事は「きっぱり断る」と決める

さて、実際にビジネスの現場で「なくす」「へらす」「かえる」を実施していく上でのマインドセットの大切さについてお伝えしてきました。

ここまでは、この3つについてお話をしてきましたが、実は厳密にいうと「なくす」には2種類あります。

これまでお話ししてきた「なくす」は、基本「既存の（いまある）仕事をなくす」というケースでした。

「なくす」には、もう1つ「新規の（依頼される）仕事をなくす」というケースがあり、**つまり「仕事を断る」というアクションが必要になってきます。**

ただ、どちらのケースでも上司、同僚など、だれか依頼者・指示者がいるもので、なくす上ではその人に承認を得る（理解をしてもらう）必要があります。

ここではよりわかりやすい「新規の仕事をなくす（＝断る）」というケースを例にとって、具体的にどのようにマインドセットをかえるのかについてお伝えしていきます。


重要なのは、「感情を抜く」ということです。感情に任せると、ついつい安請け合いしたくなります。そうすることで目の前の相手（依頼主）の機嫌が取れるからです。当然、依頼する側としては、「わかりました」と引き受けてくれたほうが嬉しいものです。「断ります」といわれると自分でやるのか、別の人に頼むのか、いずれにしてもボールは自分が持ったままになるので、面倒くさいなと思うわけです。

この「面倒くさいな」が理解できるからこそ、いい人でいたい、嫌われたくない、という気持ちが勝り安請け合いをしたくなるのです。

「ありがとう」なんていわれますが、それをやるのは未来のあなたです。タスクの借金をしてその場しのぎをしているだけなのです。

「安請け合いはするな」はわかったとして、どうすればいいのか。余裕がない中の新しい依頼はすべて断ればいいのか。そんなことはありません。

「断ることで得られるもの」と「断ることで失うもの」を天秤にかけていきましょう。単純な話で、**「断ることで得られるもの」が「断ることで失うもの」よりも多ければ（大きければ）、断りましょう。**

ただしここでは「目の前の相手（依頼主）」との人間関係は無視してください。快諾したら〝目の前の相手〟は喜ぶだろうなとか、断ったら〝目の前の相手〟はイラッとするかもななど、そういったことは一切考慮に入れないでください。目の前の依頼者との関係性は排除しないといけません。

一度、しっかりと断ることができれば、相手も「あの人はその場の雰囲気で安請け合いをしてくれない人だ」と理解してくれます。

そうすると、そういったタスクは徐々にお願いされなくなります。余計なストレスがかかることがへっていき、あなたに自由な時間が生まれるということです。

「なくす」「へらす」「かえる」の判断基準

「なくす」「断る」を検討するとき、自分の中でなにか基準を設けることができれば、ストレスも軽減するかと思います。

ここまで説明してきた見極め方などで常にジャッジできるのが望ましいです。

「その仕事を、いま自分がやるべきかどうか」という明確な基準さえあれば、照らし合わせて判断するだけなので、仕事の依頼や相談を受ける度に迷う必要はありません。

ちなみに、これは仕事に限ったことではありませんが、なにかを判断したり決断したりする労力はけっこうストレスが大きいので軽視しないようにしましょう。

たとえば洗濯機を買いに行ったとします。大きな買い物なのでいろいろな製品を吟味することになると思うのですが、なかなか1台に絞れないときにどっと疲れを感じた経験はだれもがあるのではないでしょうか。

製品によって特徴が違って一長一短だったり、予算やサイズの制限もあったりと、パラメータ（変数）が多いほど決められなくなってしまうものです。

そんなときに「いっそのことだれかに決めてほしい！」と思ったことがある人もいるでしょうが、その決めてくれる存在が「基準」です。

仕事を振られた際にどうするか（断る?）、タスクをどう振り分けるか（なくす・へらす・かえる?）といったケースでは、本来は人間性や感情を判断材料に加える必要はなく、仕事の内容で判断すべきです。

そもそも、会社や部署、自分のミッション（目的）に当てはまっている仕事であるのが大前提。ミッションとずれている仕事なら、受ける意味はないはずです。

また、仕事の内容だけを見るからこそ、自動的に判定できる「基準」さえ設けておけばすぐにジャッジが可能です。

基準を準備して全自動で判断できるようになると、「判断する時間が必要なくな

る」というメリットもあります。自動的に決められるので、ストレスもかなりへるでしょう。

よって、あなたに必要なのは判断基準です。ここでは、みなさんがいますぐ実践できるよう、簡単なフローチャートを用意しました（114〜115ページ参照）。

■「なくす・へらす・かえる」フローチャート

ここまでのまとめのような形となりますので、見ていただければ一目瞭然かと思います。

まずはなくすことを検討します。

なくせるかどうかは「上位目的で考えること（なんのためにやるのか？）」「価値で考えること（なくしたらなにがおきるか？）」の2点の視点で検討します。

「明確な上位目的が出てこない」「別になくなっても問題ない」という結論に達したら、「なくす」という判断をくだします。

「なくす」と判断できれば、これ以降の「へらす」「かえる」は考える必要がありません。「なくす」ことができなかったもののみ、次のフェーズに移ります。

次に「へらす」ことを検討します。

へらせるかどうかは「なにさえできていればいいのか」という視点で、業務、タスクにかかわる「数字」に注目することが重要です。

この際、現実性が担保できていないと意味がないので、しっかりとシミュレーションをおこないましょう。

そして、へらすことができたものについては、「かえる」ことができるかどうかも考えていきます。ここが、「なくす」との大きな違いで、へらすこともかえることもできるタスクは存在します。

最後に、かえることができるかの検討は、「別に○○しなくても目的は達成できる」という思考を持ちながら見ていくことになります。

重要なタスクをさらに最適化するために、少なくとも88ページで紹介した「定型化」「順序変更」「簡素化」は該当しやすいトップ3なので、ぜひ試してほしいです。

「なくす・へらす・かえる」メソッドは、以上の判断基準を持って、検討、決断していけばいいのです。

これらの判断基準を使っていくにはある程度の経験が必要になるかもしれません。一種の「慣れ」ともいえるでしょう。

最初は、「面倒くささ」が勝ってしまうかもしれません。**しかし、この判断基準に慣れてしまえば、その効果はずっと享受できます。**もしかしたらいまは「負荷が増える」というふうに受け止められそうですが、なくせるタスクをずっと続けていくことは、中長期的には「なくせる（へらせる）負荷をなくさない（へらさない）」ということでもあります。どちらが辛いルートか、もうおわかりかと思います。

また、「なくす」（「へらす」「かえる」）ということを過度に恐れないということも重要です。**そのタスクがなくなったら事業が回らなくなるようなものは別ですが、細かなタスクであれば一度やめてみて、必要性を感じたらまた復活させてもいいのです。**問題が起きないように手は打ちながら、やめる範囲を探っていくような動きが必要になります。

「なくす」「へらす」「かえる」を判断するフローチャート

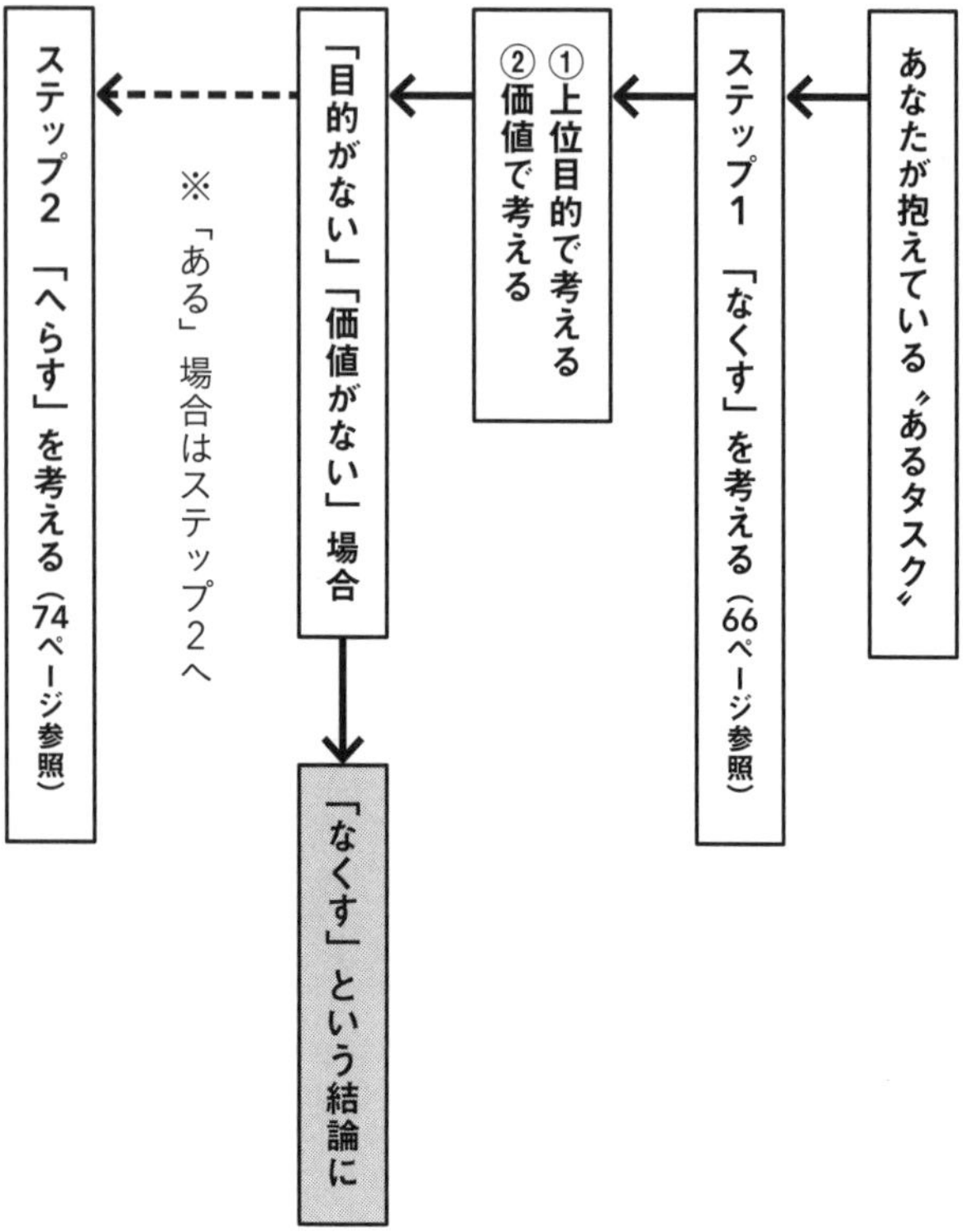

あなたが抱えている〝あるタスク〟
ステップ1　「なくす」を考える（66ページ参照）
①上位目的で考える
②価値で考える
「目的がない」「価値がない」場合
「なくす」という結論に
※「ある」場合はステップ2へ
ステップ2　「へらす」を考える（74ページ参照）

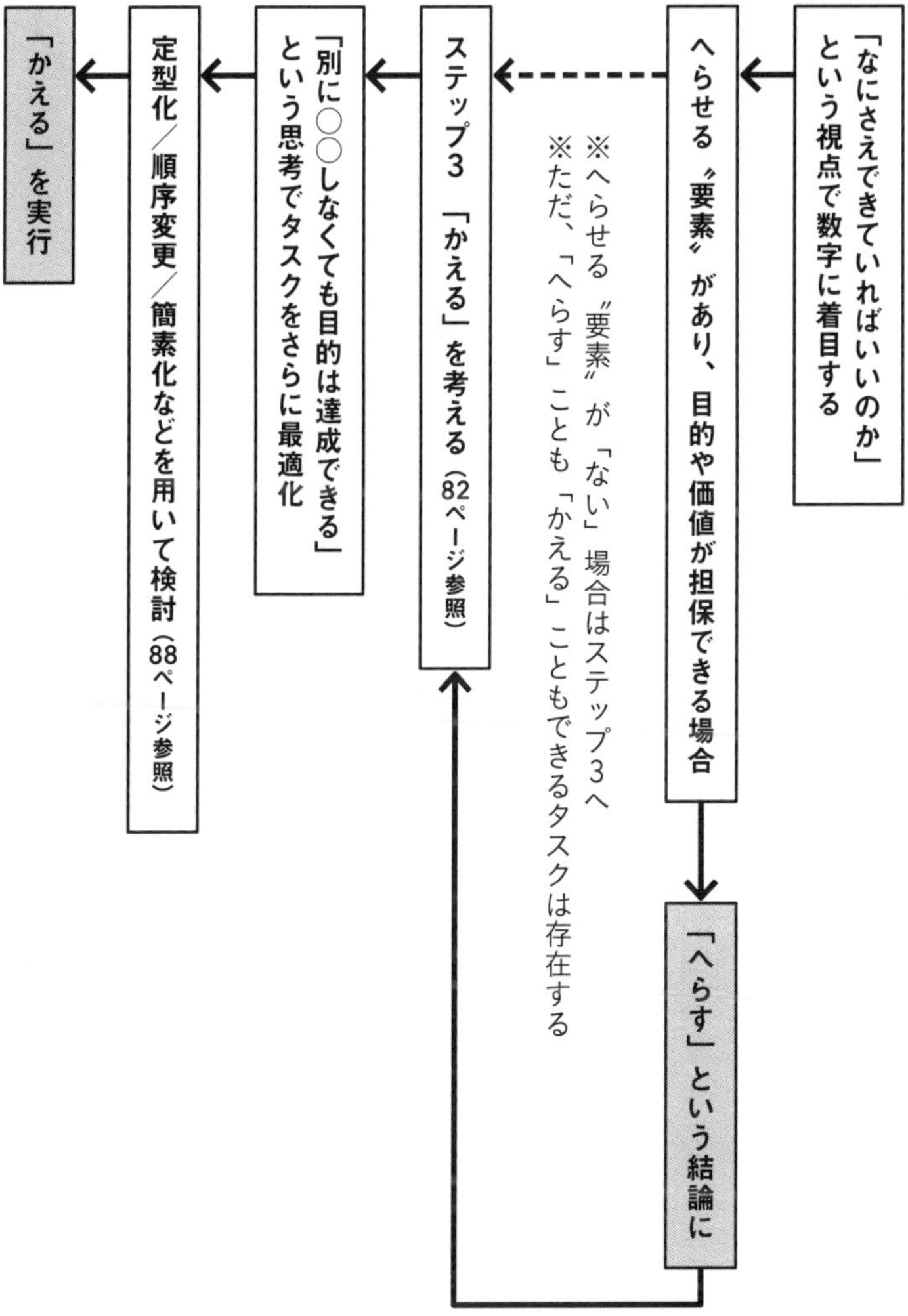
「なにさえできていればいいのか」という視点で数字に着目する
へらせる〝要素〟があり、目的や価値が担保できる場合
※へらせる〝要素〟が「ない」場合はステップ3へ
※ただ、「へらす」ことも「かえる」こともできるタスクは存在する
「へらす」という結論に
ステップ3　「かえる」を考える（82ページ参照）
「別に○○しなくても目的は達成できる」という思考でタスクをさらに最適化
定型化／順序変更／簡素化などを用いて検討（88ページ参照）
「かえる」を実行

「断る」と決める際の判断基準

新規の依頼やお願いがあった場合、まず考えることは、「なくす」の判断基準です。

「上位目的で考えること（なんのためにやるのか？）」

「価値で考えること（断ったらなにが起きるか？）」

前提として、この2点を考え、「自分がいまやる意味がある」と判断できれば迷わず受けるべきです。

また、組織の最優先のミッションに合致していて、自分がいまやらなければその仕事が前に進まないなどのシチュエーションなら、率先しておこなったほうがいいでしょう。

しかし、依頼によっては「受けるべきか」「断るべきか」迷う場合も多々あるでしょう。正直、新規の仕事を断る判断基準（理由）というのは個人の状況によって差が大きいかと思います。

ここでは、いくつかの判断基準を挙げますので、シチュエーションなどによってひとつの基準として考えてもらえたらと思います。

・その仕事の経験があるか／ないか　↓経験がないから断る。
・その仕事に類似した経験があるか／ないか　↓似たような経験がないから断る。
・その仕事の成功体験があるか／ないか　↓成功させることが難しそうだからリスクはとれないので断る。
・その仕事をおこなう時間があるか／ないか　↓時間が確保できないから断る。
・その仕事をおこなうスキルがあるか／ないか　↓スキルを持ち合わせていないから断る。
・その仕事をおこなう情報があるか／ないか　↓情報がないから断る。
・その仕事をおこなう責任があるか／ないか　↓責任範囲外だから断る。

「断る」理由は、自分が納得でき、周囲から見ても整合性があれば、どんなものでも問題ないと思います。あとは、その理由を「伝える」だけです。

ときには「断る」決断をすることも絶対に必要です。

仕事をなにも考えずに受け続けて、心も身体も疲弊しきってからでは遅いのです。

自分の時間を確保して、より生産性の高い仕事に注力して結果を残すためにも、「仕事を断る術」をもちましょう。

Column

実は断られる側も
そこまで気にしていないという事実

みなさんが断ることを恐れる理由は、「その人に嫌われたくない」というところも大きいのではないでしょうか。相手はきっと嫌な思いをするだろうなと先回りして推測しているのです。しかし、そのような罪悪感を抱く必要はありません。

いまここで議論している「断るべきタスク」というのは、〝断るべき〟といっているくらいなのですから、あなたがやる必要がなく、依頼主は頼む人・頼む内容を間違えているということです。

こういったケースでは、たいてい「受けてくれたらラッキー」と思いながら頼んでいるダメ元ケースや、「だれが（どの部署が）やるべきか」ということを真剣に考えずに頼んでいる思考停止ケース、ただ「ずっとあなたが（あなたの部署が）やっているから」という前例主義ケースなどがほとんどです。

もしかすると、「断られても別にいいや」くらいのずる賢い発想であなたにお願いしている可能性もあります。

いずれにしても、「断る」という行動に躊躇する必要はありません。ここで躊躇したくなる気持ちに負けないために私たちはこれまでの間に「本当になくしていいのか」「本当にへらしていいのか」「本当にかえていいのか」をじっくり見てきたわけです。**前述のような感覚で、依頼する人の10倍、いや100倍考えて出した結論に照らし合わせて「断る」わけなので、自信を持って大丈夫です。**

いま私は外資系の組織で働いていますが、年齢も役職も関係なく、職場のほとんどの人が、自分の職掌を明確に線引きしています。

ここまでは自分の責任、ここからは他人、他部署の責任、というふうに責任の範囲を意識しながら仕事を進めています。

こういったスタンスを聞くと、人によっては「冷たい組織なんだ」「ドライな社風なんだ」「なんか人間味がない」と思う方もいるかも知れません。**しかし、その「人**

間味」とかいうよくわからない幻想のせいで、引き受けなくてもよい仕事を引き受けて苦しんでいる人が多すぎるのです。

責任の範囲を明確に線引きするというのは、ある意味で「プロフェッショナルである」ということでもあります。

役割分担をした上で自分に任された範囲をまっとうする。当然周囲もまっとうするという前提で動く、こんなにプロフェッショナルなことはありません。そして、ドライではあるものの、「ただの役割分担」だと理解しているので、同じ目的に向かって進んでいけるのです。

少し話がそれましたが、人は自分の依頼を断る人に対して、「この人は安請け合いをしない人だ」というイメージを抱きます。それに対して「手伝ってくれないんだな」と思うのか、「やるべきことに集中しているんだ」と思うのかはその人次第ですが、いずれにしても、「もうあの人には軽々しくタスクはお願いできないな」と思うはずです。

理由や関心度もきちんと説明。「次につなげて一度で断る」伝え方

仕事を「断る」という選択肢になった場合も、次につながるような断り方をすることがポイントです。

そもそも、本書では「なくす」ことが時間術としてもっとも効果があると説明しました。そのためには、ときには仕事を断る必要もあるので、「断る方法」が重要になります。

ここではわかりやすく、断る場合の説明方法を4つの項目に分けて説明します。口頭で断る場合とメールで断る場合はおすすめの順番が異なるのですが、まずは口頭で断るケースを解説します。

①感謝を伝える

例：「ご依頼ありがとうございます。内容には興味があります」

仕事を依頼してくれたことに感謝しましょう。また、仕事の内容には興味があるのにリソースがなくて断る場合などは、「興味がある」ことも伝えておいたほうがその後につながりやすくなります。

②断る理由を説明する

例：「実はいま、重要なタスクに追われていまして、その締切が迫っていてギリギリ間に合わせている状況です」

断る理由や背景をきちんと説明します。どうにもならない外的要因で断らざるを得ない状況というのがもっとも効果的。内的要因だと説得力に欠けるからです。よく使いがちな「リソースがない」は、外的要因と内的要因が混在しているような印象なので、それ以外の外的な理由も追加できると納得感が高まります。

③きっぱりと断る

例：「今回は残念ながら辞退させてください」

少し濁して「難しいかもしれません」「いったん考えさせてください」などというと「改めて断る」というタスクが増えることになります。自分の時間を大切にするために、断る場合は一度できっぱり伝えましょう。

④提案を添える

例：「実はもう1か月ほど期間があれば対応できる可能性があります」

きっぱりと断って後味が悪くなりそうな場合は、最後に提案するという手があります。期日を延ばしたり、依頼内容をアレンジしたり、代替案を出したりするのです。どうしても断りたい場合は、実現不可能な提案をするか、代わりの担当者を紹介すれば大丈夫。それでも場は和みます。

こうしたフローで断られると、理由が明確で嫌な印象も残りません。機会があればまた仕事を依頼してくれる可能性は高まるのではないでしょうか。

一方の断る側も、気まずさや罪悪感は生まれないはずです。

ただし、これは口頭で説明する場合のフローです。口頭ではリズムよく話が進むので、この順番をおすすめしています。

メールなどの文章の場合は、結論を先に伝えたほうがわかりやすいので、順番をかえましょう。おすすめのフローは次の順番です。

1　③きっぱりと断る
2　①感謝を伝える
3　②断る理由を説明する
4　④提案を加える

ポイントは、結論を最初に伝えること。そうでないとメールを読み進めながらストレスがかかってしまうかもしれないからです。

断り方が上手になって断ることに自信が持てると、やるべきではない仕事を断りやすくなり、タスクがへって自分の時間が確保できるようになります。

タスクを少なくしたいなら「対案」の価値を提案

タスクを根本的に少なくするためには、依頼を断るだけでは足りません。当然すでに日常的におこなっているルーティンワークを少なくすることこそ効果的です。

ここでは「なくす」「へらす」ための伝え方について説明していきます。なくすだけの場合も、業務量をへらす場合も、基本的には、伝え方のポイントは同じです。

特定のルーティンワークをなくしたいと思っている場合は、その時点でやる必要がなく無意味だと思っている部分があるはずです。「なくす」決断をしたということは、いまやっているその業務は「目的もなく、なくなっても問題が起こらない」ということです。もしも目的に納得していて最短距離でゴールに向かっているような業務なら、「なくしたい」とは思わないはずですから。

正直、この事実を上司や同僚に伝えれば、普通の感覚であれば、その業務はなくなるはずです（これで終わればなにも問題ないですね）。

それでも、前述したよう「変化する」ことへの抵抗、また前例主義や「〇〇さんの指示だから」というような組織内の悪しき状況があり、ただ「なくしたいです。お願いします」では、要求が通らない、また通っても個人の「わがまま」「怠慢」と思われてしまう可能性は大いにあります。

こうした悲惨な事態を避けるために、「なくす」を提案する際のもっとも大事なポイントは「客観的な事実を伝える」ということが挙げられます。

ただ「この仕事は意味ないです。なくしたいです」といってみたところで、伝えられた側は「えっ、なんで？」と困惑するのは目に見えています。

個人的な感情をおくびにも出さずに、だれがどう聞いても納得できる客観的な事実を用いて説明することがなにより重要です。

「いま提出している日次のデータを活用している部署はないことが判明しました」

「週1回の定例会議で共有している情報は、別の会議のデータとほぼ同じことがわかりました」

間違っても個人の主張を押し出したり、「●●さんがいっていたので」というようにだれかの意見を挙げたりといった伝え方はおこなわないようにすべきです。

前述したように、業務量を「へらす」場合も、伝え方は同じイメージで問題ありません。

そして、「なくす」「へらす」際にやる必要がなかったり無意味だと思っていたりするなら、必ず対案が生まれるはずです。逆にいえば、対案が出ないルーティンワークは必要性があるともいえます。

ここからはルーティンワークの対案がある前提で話を進めます。わかりやすい具体例でいえば、「Excelのデータを手入力しているようなタスク」があったとして、その対案としては「数式やマクロを組み込む」といった方法が出てくるでしょう。

対案は現状のルーティンワークよりもやる価値が大きいはずなので、その対案の「方法論（対策）」と「価値」をセットにして上司などに説明すれば、提案は通りやすくなるはずです。

新たにもたらされる価値が大きいほど対案が採用される可能性は高くなりますが、上司側から見た心理的障壁もあります。「ラクをしようとしてないか」「サボろうとしてないか」という疑念が生まれるので、とりあえず反対したくなるのです。

極論としては、ラクをすること自体に問題はありません。その分だけほかの仕事ができればよいはずですが、部下がラクをするのを嫌がる上司がいるのも現実です。そんな上司に対するフォローとしては、空いた時間でできることをしっかり伝えることでしょう。

先ほどの例でいえば、「数式で自動化すれば手入力よりも時間が短縮できます」で終わらず、「数式で自動化すれば時間が短縮でき、A店だけでなく10店舗分のデータが一気に入力できるので、空いた時間を分析する時間に当てられます」といったところまで説明するのです。これで提案が通る可能性が高まるのではないでしょうか。

空いた時間を埋める場合、業務時間の長さはへってはいませんが、やるべきではない仕事をやるべき仕事にかえることで時間価値が高まり、成果にもつながりやすくなります。

「かえる」ためのコミュニケーションは、相手のメリットと組織の全体最適で

最後が「かえる」ためのコミュニケーション方法です。「かえる」というアクションは一番幅が広く、「場合による」部分も大きいのですが、82ページの実践編のところでもお伝えしたとおり、かえる際に重要な「結局、なにを達成できるとOKか」というところに着目することです。

たとえば「カレーを作る」というミッションがあったときに、スパイスからカレーを作ろうが、レトルトのカレーを買ってこようが、カレーを作ることができればよいということです。

または、「健康的なカレーを作る」というミッションであれば、レトルトよりもスパイスから作ったほうがよいという判断になるかもしれません。いずれにしても、ミ

ッション（上位目的）を達成するために最適な方法を選択することが重要だということです。

あえて抽象的にいえば、プロセスよりも結果を重視し、「なにさえできていればよいのか」というところに敏感になることが重要であり、プロセスは可変なパラメータでしかありません。

かえることを進める上でコミュニケーションをとろうとすると、かならず反発が起きます。なぜかというと、人はかわることを嫌がる生き物であり、「これまでと同じやり方」は一番心地よく感じるからです。

「かえます。おねがいします」というようなぶっきらぼうなコミュニケーションをしてしまうと、「自分のやり方をかえないといけないのか」という嫌悪感を抱かせやすくなります。

ではどのようにコミュニケーションをとるのがベストなのか、ここでは2点ポイントを説明します。

まず1点目が、「相手のメリットを提示する」です。ただ「かえます」といわれるよりも、「かえることで、こんなよいことが〝あなたに〟おとずれます」という伝え方で説明します。

人が重い腰を上げるときは、基本的に2パターンで、「やるといいことがあるとき」もしくは「やらないとわるいことがあるとき」です。

ビジネスの現場で後者の手法を使うと、やや脅しのように受け止められる恐れがあるので、前者を使って「相手のメリット」を提示していきましょう。

提示するメリットは、「時間が短縮できる」「作業がラクになる」など、そもそもかえる目的が「無駄を省く」なので、いくらでも出てくるはずです。

たとえば私は現在、外資系金融機関でマーケティング部門のマネージャーとして働いていますが、この会社で過去に顧客の数が多くなる局面において、CRM（カスタマー・リレーションシップ・マネジメント）という顧客の管理やロイヤリティ向上のための

ＩＴシステムを導入するという話が出てきました。

マーケティング観点では「顧客それぞれが抱える課題を特定する」ということが急務であると考えていたため、ＣＲＭの導入はぜひとも実現したい施策の１つでした。「顧客のロイヤリティを向上し売上を上げる」というフロントサイドのメリットは明確だったため経営陣はすぐに納得したものの、実際に導入を主導するＩＴシステム部門が首を縦に振りませんでした。

彼らにとっては売上よりも導入稼働のほうが気になるポイントだったからです。「システム導入」という言葉はそのまま「稼働増加」をあらわすという条件反射によって難色を示していました。

ここで私はＩＴシステム部門のメリットを提示しました。具体的には「顧客対応に関連する社内システムの問い合わせ対応が激減することが容易に予測できるため、ＩＴシステム部門としても中長期的には稼働はへる」ということを担当者らに事例やグラフなどを用いてロジカルに説明したのです。

結果的にシステム導入はおこなわれ、マーケティング部門としてもシステム部門としてもWin-Winの関係を築くことができました。

このように、相手が思考停止で「NO!」といっているときほど、軸（この例では時間軸）をずらすだけで相手も「なるほど、たしかに」と納得してくれることは多かったりします。相手のメリットを見つけ出す際の参考にしてみてください。

しかし、ときにはあなたがおこなおうとしている「かえる」に、その相手のメリットがないケースもあります。ただただその人の手間が増えたり、所要時間が増えたり、嫌がられる可能性はあれど特段メリットもないので喜ばれることもない、そういった場合はどうすればよいのでしょうか。

そういったケースでおこなうべきなのは、**「組織のミッションを提示する」ことです。**あなたがこの「かえる」をおこなおうとする理由には、効率化や業務改革の要素が含まれていると思います。つまり、個人単位で考えると、一時はだれかの負担が増してしまう場合もあるかもしれませんが、組織全体でみると「やったほうがいい業務改革」であることは間違いありません。

この全体最適であるという事実を相手に伝え、動いてもらうのがもっとも望ましいです。**それこそ、自分の上司や相手の上司に掛け合って、「組織的にやるべきであるが、この人に大きな負担がかかるので全体の業務量を調整してもらえないか？」と提案してもいいでしょう。**

つまり、なにかをかえる場合、まずは人はかわることが嫌な生き物だと理解をした上で、相手のメリットを提示してみたり、それが難しい場合は全体最適の考えで人を巻き込んで動く、というのが有効になります。

第 3 章

あなたにとって「無意味な時間」をへらす9つの仕事のコツ

この章では、特に1人で作業的におこなう
具体的な細かいタスクについてみていきます。
普段、何気なくおこなっている
仕事の手法や流れ（フロー）を改めて振り返ってみると
実は時間を無駄にしているという事態が潜んでいます。
ここで挙げる内容が、いまのあなたの状況と重なり
「なくす」「へらす」「かえる」ことができれば、
あなたが直面している大きな課題や悩みを解決する
手助けになる可能性があります。
自分の仕事に当てはめて、それぞれのコツを活用しながら、
少しずつ時間を確保していきましょう。

コツ1

メールのやり取りそのものを「へらす」

仕事の「やり取り」は「キャッチボール」に似ています。相手がいる場合、なにかを投げ掛け、受け答え、コミュニケーションを進めていきます。

当然、時間を節約するためには、このキャッチボールの回数は少ないに越したことはありません。**へらせるやり取りはへらすべきです。**

チャットツールが普及した中でも、とくに社外の人とのコミュニケーションや初めてのやり取りでは、メールを使うことが多いと思います。

前時代的な電話や訪問などではなく、メールでコミュニケーションをとるのが普通の時代になったにもかかわらず、意外とメールの基本作法がわかっていない人は多いです。

まずは、次のメールのやり取りをご覧ください。

Aさん①「本日はお忙しいところ、ありがとうございました。次回の打ち合わせの日程を調整したいのですが、来週でご都合のよい日時の候補をいくつかいただけないでしょうか?」

Bさん①「こちらこそ、ありがとうございました。来週ですと、●日の午前と■日の午後が空いています」

Aさん②「ありがとうございます。それでは、●日の午前10時でお願いできますでしょうか?」

Bさん②「かしこまりました。●日の10時からでお願いいたします」

Aさん③「場所は今回と同じ会議室でお願いいたします」

Bさん③「かしこまりました。よろしくお願いいたします」

社外の仕事相手と日程調整をするケースをまとめてみました。次回の打ち合わせについて決めるだけで、3回のキャッチボールをしていますが、わりとよくあるやり取りではないでしょうか。

これが口頭ならそれほど違和感はありません。**ただし、Aさんの①と②と③の情報は1つのメールにまとめて短縮することができます。**

「メール」の特性は、「非同時性」です。

リアルタイムのやり取りではないので、いつ読まれるかわかりません。逆にいえば、都合のよいときに読めるのが便利な点です。

当然、メール1通の情報量はできる限り多くすべきです。それがキャッチボールの回数をへらすことにつながります。

ただし、単に情報量が多いだけでも読みづらくなって内容が伝わりにくくなってしまいます。情報の取捨選択や伝え方には工夫が必要。件名で内容が具体的にわかるようにしたり、本文で箇条書きを活用したりするのが基本的なテクニックです。

Aさんの②の質問は不必要です。空いている時間を聞いた上で日時を決めているので、改めて聞く必要はまったくありません。Bさんに急用が入ってしまった場合のみ、改めて調整すればいいのです。

さらにいえば、Aさんの①で次回の場所も確認できました。本来は場所によって対応可能な時間がかわるので、最初のメールに書いておくべきです。リアルかオンラインかといった方法も早い段階で確認するのがベストでしょう。

こうやってキャッチボールの回数をへらす工夫をすると、お互いの時間が節約できます。そうした工夫の積み重ねによって、仕事を早く終わらせられるようになるのです。

コツ2

「無駄な会議」を「なくす」ための会議主催者のたった1つのマナー

よく「無駄な会議やミーティングが多い」と悩んでいる人がいますが、まず大前提として、やるべきではないことはやらないほうがいいので、「不要な会議」には参加しないのがベストです。

第1章などで例に挙げた「定例会議」と同様で、出席しないメリットや対案を上司に提案してみてもいいかもしれません。会議の頻度をへらしたり、会議そのものをなくしたりする方法はすでに述べたとおりです。

その一方、当然ながら「必要な会議」はあります。

そもそも、会議とは「なにかを決める場」です。

もしあなたが「取り仕切る立場」、いわゆる「ファシリテーター」のような役割で会議を開くなら、「決めること」への確固たるコミットメントが必要です。

会議を開いて「議論する」ところまではできている人（組織）は多いと思いますが、その先のなにかを「決定する」ところまでやり切る意識を持つことが大切です。

もっとも重要なのは、会議の「目的」と「スケジュール」を参加者の共通認識として徹底すること。

具体的なテクニックとしては、会議の冒頭で「アジェンダ」と「時間割」を伝えるのがおすすめです。時間の配分をある程度は設定しておいたほうが参加者の認識が統一できるでしょう。当然、無駄な時間をへらすことができます。

たとえば、「今日はこのプロジェクトの●●を決めるために集まっていただきました。1時間で決定したいと思っています。まずは最初の15分で営業部から改めて背景を説明していただきます。そのあとの30分で話し合って●●を決定します。最後の15

分で各部署のタスクを確認したいと思いますので、よろしくお願いします」といった具合です。

会議の最初に時間の配分を伝えておくと、議論が脱線した場合でも「すみません。あと10分で決めないといけないので、話を戻させてください」などといいやすくなります。

話が脱線したかどうかがわかりにくい場合もあるかもしれませんが、**「その会議で決める」というゴールに向かっているかどうかに照らし合わせると判断できるはずです。**

たとえば、話し合っている当事者2名にとっては意味のある内容でも、ほかの参加者にとって関係のないことであれば、その会議ではないところで改めて話し合ってもらうように促す必要があります。ただし、その話が決まらないと会議自体が先に進めない内容の場合は、その場で早く決めてもらうしかありません。

とにかく、会議のファシリテーターなら「決める」という目的のためにその場をコントロールすることが大切です。

ちなみに、時間割を決めることで、次回以降の会議時間について検討しやすくなるということがあります。「細かく設定した時間割」が余るようなら修正して、全体の時間を短縮することもできるでしょう。

「へらす」ことで業務の最適化を図るきっかけになるかもしれないので、タスクの整理という意味でも「時間割」はおすすめです。

コツ3

「決める」会議に「かえる」ための会議参加者の3つのマナー

会議に「参加する立場」の場合も、基本はファシリテーターと同様。「決める」ために自分の役割を果たすということに尽きます。具体的に意識すべきことを3段階のレベルに分けて解説しましょう。

■レベル1　「とにかく話を脱線させない」

個人的な印象ですが、会議に出席して発言することが仕事だと勘違いしている人がけっこういると思っています。なにかしら発言することで、そこにいる意味を生み出そうとする人です。

しかし、会議の目的が「なにかを決めること」であれば、それ以外のことはあまり意味がありません。議論に参加できないからといって、話を脱線させるのは迷惑な行為です。絶対にやめましょう。

■レベル2　「仮説を用意して会議に参加する」

その日の朝などに参加する会議の目的を確認し、「発言する内容」「提案する内容」などの仮説を準備しておくのがおすすめです。

簡単なメモを残しておくだけでも会議中にイチから考えるのとは段違い。「決める」ための議論に集中できるようになります。

部署を代表して出席するのか、個人として呼ばれているのかで仮説がかわってくるかもしれませんが、意味のある会議にかえるためには事前に準備できることはしておくべきです。こう書くと時間が掛かりそうですが、仮説を考えるだけなら朝の数分で終わると思います。

■レベル3　「ファシリテーターを補助する」

議論が逸れていてファシリテーターが遮りづらくしているときなどに、「それは後ほど考えませんか?」「その話はいったん置いといて、まずは本題に戻りませんか?」などと誘導するのです。ただし、これはかなり難易度が高い行動なので、無理をする必要はありません。

いずれにしても、会議の目的は「議論」ではなく「決めること」なので、それが徹底できれば参加者全員の時間が有益に使われたことになります。

実は、先ほど挙げた「無駄な会議が多い」という悩みのほかにも、会議に対して多くの人がいろいろな不満を持っています。

たとえば、「会議の時間が長い」「報告書を読むだけの会議が多い」「会議をするだけで進捗がない」「会議に時間を取られて自分で考えたり手を動かしたりする時間がない」といった悩みです。

ただし、すべての不満は「決定する」に集中することで解決できます。会議内の「なくす」「へらす」タスクも見えてくると思います。「かえる」ことを意識して有意義で効率的な会議を目指しましょう。

コツ4

報告書を書く必要があるなら「一体化タスク」として実行

日報などを書くのが必須業務になっている会社も少なくないと思いますが、**そうした報告書を独立した「別のタスク」とは考えず、業務とは切り離せない「一体化したタスク」と考えるのがおすすめです。**そうすることで、報告書を作る時間を大幅にへらすことができます。

書かなければいけないのはわかっているので、業務をしながら報告書を記入すればいいだけです。報告書を記入するのに必要な情報は業務中～終了時点で揃うはずなので、情報を集める必要もなく、業務の終了とともに報告書の作成は終わります。

難しく面倒くさい作業に思えるかも知れませんが、慣れてしまえばそれほど難しくありません。わざわざ時間を空けてから思い出しながら記入するよりも、むしろ負担はへるのです。

業務中に記入するのが不可能な状況なら、必要な項目をパソコンやスマホのメモなどで残しておきましょう。コピペするだけで報告書が完成するように準備しておけば、かなりの時短になります。

また、その日報に本当に価値があるなら、意味のあるフォーマットになっているはずですし、業務に必要なポイントが押さえられているはずです。

それならば、業務をしながら確認することで、漏れを防いだりミスを避けたりする効果も期待できます。

タスクがへらせる効果に加え、業務のミスが防げる効果もあるので、業務をしながら報告書の項目を埋めていくのが最適解ではないでしょうか。とはいえ、そもそもその日報が本当に必要なのかどうか疑問の余地はあります。もしも形骸化している慣習なら、不要なタスクです。日報をなくすように働きかけるのも1つの手です。

コツ5

コンサル時代に教わったメーラーTo Doリスト法

私はメーラー（Gメールや Outlook）をTo Doリストとして使っています。これが、タスクの整理と無駄な時間をなくすにあたってかなりおすすめなので、どのように使っているのか紹介します。

Gメールでも Outlookでも、メーラーサービスを問わずメールは必ず「未読」と「既読」に分けられると思います。

メールを開くと自動的に振り分けられますが、読んでもすぐに返信できない内容もあるはずです。なにかを作ってから返信する必要がある、返答内容を検討する必要がある、他部署に確認する必要があるなど、そういった場合です。そうしたメールは読んでも「未読」にするようにします（その場で1つ1つのメールの対応に時間をかけすぎてはいけません。ここではいったん振り分けることが重要なのです）。

つまり、「未読」＝「To Do」。メールのやり取りを見ればそれまでの経緯や背景がわかるので、あとで調べ直す必要がなくて便利です。しかも、必要になったらすぐに返信できます。

実はこのやり方は、コンサルティングファーム時代の上司から教えてもらいました。実際にやってみるとかなり便利だったので、いまでもこの方法を続けています。

ここで必ず聞かれるのは、「メール以外でやり取りしていた内容はどうするんですか？」といった質問です。この解決策は簡単で、宛先を自分にしてメールを送るようにしています。

メールなのでＰＤＦなどの関連書類も添付できますし、チャットなどの内容もコピペしつつポイントを追加して送れます。また、立ち話で振られた仕事を忘れないように送っておくこともできますし、ふと思いついたアイデアのメモなどもテキスト化してスマホから送信できます。必要な情報をメーラーに集約しておく方法はかなり実用的なのです。
ちなみに、「To Do」は「いつかやるべきこと」で、「タスク」は「期限までにやるべきこと」。つまり、To Doに期限を設けるとタスクになります。

タスク管理は別のツールを使ってもよいとは思いますが、ツールを使うのが目的になっている人も多いので注意しましょう。（本来必要のないであろう）時間をかけてタスクを整理して自己満足で終わってしまうようなパターンです。
とくに紙の手帳を使っていると、そうなりがちな印象があります。タスクをスケジュール帳にきれいに並べて満足してしまい、実際はそのとおりに進んでいないことも多いのではないでしょうか？　だとすれば、タスク管理ツールとしては意味がありません。

気持ちはわかります。旅行に行く前の予定を立てているときが一番楽しいように、タスクを並べてスケジュールを組んでいるとき高揚感・安心感が増すのは理解できます。しかし、実用性はあまりないということです。

なによりも重要なのは、タスク管理が目的にならないようにすること。タスクが管理できればよいだけなので、手軽に管理できる方法がベストです。

だからこそ、To Doをメーラーに集約しておいて、それを自分に送信し直すことでタスクの優先順をわかるようにする方法がもっともおすすめです。

しかも、自分にメールを送る際のフォーマットを作っておくと、項目を埋めるのが当たり前になるので、時間が短縮でき、普段から必要事項が意識できるようになります。立ち話でなんとなく振られた仕事もきちんとタスク化でき、その場で期日などを確認できるようになるのです。タスクを思い返すという無駄な時間をなくすことができます。

コツ6

メモするだけではもったいない。「抽象化」→「仮説立て」で問題解決

これまでいろんなビジネスパーソンと接してきて、仕事ができる人や稼いでいる人は普段から頻繁にメモを取る割合が高いと感じています。しかも、メモを有効活用するために独自の工夫まで凝らして活用しているケースが多い印象です。

メモを取る習慣や使い方が仕事の効率や価値を決定する要因の1つになっているといえます。

そもそもメモを取る目的は「情報の整理」と「リマインド」の2つに集約できます。アイデアの備忘録、To Do、計算式、会議の議事録……なにをメモするにしても、情報を整理して見返せるようにするためのものです。

また、メモとしてアウトプットした情報を検索しやすいように管理しておくことも

大切です。

私の場合はすでに紹介したように、すべての情報をメーラーに集約するようにしています。メールにメモを書いて自分に送信しているのです。メールで送っておけば、いつでも簡単にキーワードで検索できます。

検索しやすさで分があるのは「デジタル」のメモですが、知的生産の質を高める意味では「手書き」のメモのほうがより効果があります。

２０１４年にアメリカのプリンストン大学とカリフォルニア大学がおこなった実験によると、同じ講義の内容をパソコンで記したグループに比べ、手書きで記したグループのほうが平均点が高かったという結果が出ています。

筆圧の調整などでキーボードのタイピングとは異なる筋肉を使うこと、図解などで情報を整理しながら書くことが脳の活性化につながると考えられています。

つまり、整理すべき情報は手書きでメモし、そのあとにデジタル化して検索しやすいように記録できたら万全ではないでしょうか。

要約したり図解したりすることで情報を整理してメモとして残すわけですが、本当に有効活用するためには「抽象化」と「仮説立て」までおこなう必要があります。

「抽象化」に関しては、ＳＨＯＷＲＯＯＭの代表である前田裕二さんの著書『メモの魔力』ではメインのテーマになっています。「抽象化」することで情報をより深く理解でき、問題解決につなげやすくなるのです。

「抽象化」とは「抽象度を上げること」であり、「普遍的にいえること」や「本質的な概念」を探し出すことにつながります。

たとえば、ある店舗のある期間で購入数が多い商品の上位が「コーヒー、おにぎり、水、お茶、牛乳、アイス」だったとします。

この回答を抽象化すると「飲み物が多く買われている」「飲み物のニーズが高い」などとなります。具体的すぎる結果を抽象化して要点をまとめることで、だれが見ても聞いても理解できる内容になるのです。

次の「仮説立て」は、「抽象化した事柄から具体的な仮説を立てること」です。『メモの魔力』では、抽象化した事柄から別のアイデアを生み出す「転用」に触れていますが、転用のためのステップが「仮説立て」です。

先の例でいえば、「飲み物が多く買われている」「飲み物のニーズが高い」などという結果を踏まえ、「紅茶やジュースも置いたら売れるのでは？」「栄養ドリンクやゼリー飲料も需要があるのでは？」「近くでイベントがあったのでは」「暑い日が続いたからでは」というふうにいろいろな可能性を考えるのが「仮設立て」。こうした具体的な仮説がアイデアや問題解決につながります。

メモを活用するなら単なる備忘録ではなく、質の高いアウトプットを効率的に生み出せる「抽象化」や「仮説立て」までおこなうべきです。

コツ7

「複数の思考法」を持つことで考える時間のロスを「なくす」

仕事の課題に対して、ゴールに着くまでの時間を短縮したり、質の高い取捨選択をしたりするためには複数の思考法を使いこなすことが有効です。

もしも1つの思考法に凝り固まっていると、視野が狭くなり、いつも同じ結論しか導き出せません。頭の中をぐるぐると同じ考えが巡っていては、ただただ時間を浪費していくだけです。

思考法という道標がないために途中で道に迷い、ゴールの到着までに時間が掛かってしまうケースもよくあります。

いくつかの思考法が考えられると、広い視点で物事に取り組むことができ、さまざまな角度から仮説が立てられます。幾とおりものアプローチ方法から最短で最善の選択ができるのです。

ということで、このテーマでは知っておくべきおすすめの思考法を４つ紹介します。

■ 思考法① ロジカルシンキング

もはや知らない人はいないと思えるほど有名ですが、改めて解説します。

直訳すると「論理的思考」という意味で、物事を論理的・体系的に整理して考える思考法です。

要は、物事を「抜けがなく」「重複なく」「道筋を立てて」考えることです。

ロジカルシンキングができると、しっかりとした推論や検証のもとで論理的に物事を解決できるようになります。何事においても説得力があり、周囲からの信頼も得やすくなるはずです。

実際にロジカルシンキングを用いる場合は、さらに細かい思考法も活用します。

主なところを挙げると、自分の思い込みなどを真っ白な状態にして物事を考える「ゼロベース思考」、物事を枠の中に当てはめて抜け漏れのないように整理して結論を出す「フレームワーク思考」、最初にいくつかの選択肢を用意して評価しながら1つに絞り込む「オプション思考」、物事を一連の流れとして把握する「プロセス思考」など。状況や課題に合わせて使い分けながら問題解決をおこないます。

具体的なケースをロジカルシンキングで考えてみましょう。

アルバイトを雇ったものの失敗を繰り返すので、新しい人を雇ってほしいと部下から相談があったとします。アルバイトの失敗により業務に支障をきたしているのが課題です。

この課題は職場環境の問題なのか、アルバイト個人の問題なのか、細かい要素に分解してそれぞれを評価します。

最終的には、それぞれに対する解決策をいくつか検討した上で、最善と思われる方法を選択します。これは、ロジカルシンキングの中の「オプション思考」の活用です。

比較検討した結果、該当アルバイトの再教育よりも新人アルバイトを新規採用するほうが有効という結論になれば、優先してそれを実行します。

もしもロジカルシンキングができないと、「そういうけど、あのアルバイトは頑張っているよね……」などと感情的な部分にとらわれるケースが増えます。

これは決して非情なわけではなく、あくまで行動の意思決定には「感情論を抜きにした論理的な結果を採用する」ということです。

もちろん、人事は人の生活を左右するものなので、伝え方や実際の処遇はデリケートです。ただし、感情論に振り回されて生産性の低い人間を雇い続けるような非論理的な結論には至らないのがロジカルシンキングです。

■思考法② ラテラルシンキング

この思考法も有名で、「水平思考」とも呼ばれています。

前例をなくして水平方向に発想を広げる考え方で、さまざまな視点から物事が捉えられ、自由で新しいひらめきや発想が生み出せます。

どんな仕事でも、時代の流れとともに新しい変化が求められるので、ラテラルシンキングも重要です。

先ほどの例と同じように、アルバイトが失敗を繰り返すので新しい人を雇い直したいという相談があったとします。

ラテラルシンキングの場合、前提を疑いながら広い視点から物事を捉えます。

そのアルバイトはどの程度の仕事で失敗してしまうのか、そもそもその仕事はアルバイトがやるべきなのか、部下の教え方に問題はないのか、評価の方法は正しいのか、他店では同じケースでどのように対処しているのかなど、常識を疑いながら解決に導きます。

最終的には、新しいアルバイトを雇うほうが効率がいいのか、指導する環境を整えるほうが優先なのかといった選択肢を天秤に掛けて選びます。

ここで注意したいのが、ラテラルシンキングはロジカルシンキングを否定するものではないという点です。どちらも使いようで、最初にまずラテラルシンキングで自由な発想を生み出し、それからロジカルシンキングで深く考えていくという方法もあります。

思考法③ デザインシンキング

その名前のとおり、デザイナーの思考プロセスがベース。顧客の求めていることを把握し、問題を解決していく考え方です。

アップルの初代マウスを生み出したことで知られるデザインファームのIDEO(アイディオ)社がこの思考法を提唱し、ビジネスの場でも注目されるようになりました。

デザインシンキングでは最初に、顧客のニーズを把握するために「観察」をします。顧客と同じ目線に立ち、ときには同じ体験を通じて共感することで、潜在的なニーズを把握するのです。**デザインシンキングのプロセスの中では、この「観察」がもっとも重要な役割をはたします。**

次のステップとしては、ニーズを整理しながら問題を定義し、それをもとにアイデアを発案します。

そして最後に、発案したアイデアをもとにプロトタイプを作り、顧客のニーズにどれぐらい近づけたかを評価しながらアイデアを磨き上げます。

デザインシンキングができない場合、顧客のニーズを探る際にアンケートなどの統計データに頼りがちです。数字だけで判断してしまい、潜在的なニーズを把握できないケースが珍しくありません。深いニーズを把握するためには、デザインシンキングの観察が大切なのです。

デザインシンキングを象徴するヒット商品といえば任天堂の「Wii」が有名です。

新しいゲーム機の開発のために「ニーズ」を探るため、ユーザーの家庭で「観察」をおこなうと、ゲームがあるために家族同士の会話が少なくなっているという発見がありました。

そこで、家族の団らんを楽しめるゲーム機ができないかと問題提議し、その解決策として、家族で楽しく体を動かしながら遊ぶゲーム機が発案されました。プロトタイプを使ってもらいながら改良を重ね、発売後は子どもから大人までを巻き込む大ヒット商品となるのです。

■思考法④　アートシンキング

最近になって注目度が高まっている思考法ですが、実ははっきりとした定義はありません。ただし、アーティストの思考プロセスを取り入れているのが特徴です。

デザインシンキングが顧客のニーズを重視するのに対し、アートシンキングはクリエイターである自身の意志や感情、創造力を重視して商品という名の作品を生み出します。

ビジネスに不向きな考え方にも思えますが、**常に新しいモノが求められるいまの時代は、独創的でクリエイティブな発想が求められることもあります。**

オリジナリティが高いものは顧客のニーズからは生まれないのです。

自分だったらどうしたいのか、どんなものが欲しいのか、どう表現したいのか……と自問自答するアートシンキングこそオリジナリティが生み出せます。


ある2つの企業が商品開発に乗り出したとします。A社はこれまでの顧客ニーズから商品を開発したため、他社の商品と同じようなものになりました。データ上ではそれが一番求められているからです。

一方のB社は、ニーズを把握しつつも他社と同じものでは売れないと判断。アートシンキングで新しい自社ブランドの商品を開発しました。


成功するのはどちらでしょう？　実は正解はありません。時代の流れによっては同じものが引き続きヒットするかもしれませんし、新しいものがブームを起こすかもしれないからです。

ただし1つだけわかっているのは、同じような商品が多いと競争率が高く、衰退も早いという事実です。

一方、自分たちだけのオリジナルの商品を作った場合は、それをきっかけにしてイノベーションが生まれる可能性があります。

最後に4つの思考法をまとめておきます。

① 論理的に物事を解決していく「ロジカルシンキング」
② 前提をなくして水平方向に発想を広げる「ラテラルシンキング」
③ デザイナーの思考プロセスを取り入れた「デザインシンキング」
④ 自分自身のアイデアや創造力を取り入れる「アートシンキング」

意思決定の際はもちろん、アクションを起こす前の計画段階などにもこれらの思考法が役立つはずです。

「考える時間」そのものを短縮できますし、タスクの「なくす」「へらす」「かえる」の対応策を検討する際にも活用できるので、仕事の時間を生み出すためにも、ぜひ覚えておきたい方法です。

コツ8

朝は数分の「1人仮説会議」で準備の時間を「へらす」

朝に追加すべきおすすめのタスクがあります。

「追加すべき」と書かれて、疑問を抱いた方もいるかもしれませんが、やること自体は増えますが、結果的に「なくす」「へらす」「かえる」のアクションにつながりやすくなり、時間を生み出すことができます。

それは「仮説の準備」です。「1人仮説会議」と呼んでもいいでしょう。起きる時間を15～30分くらい早める価値はあると思っています。

スケジュールを確認したときに会議やミーティングの予定が入っているなら、そこで話し合う意味やミッション、そこで伝えるべきことや提案すべきことの仮説を立て、メモなどで残しておくのです。

ありがちなのは、会議の数分前になってようやく資料を用意し、1時間の会議のうちの前半10分くらいはキャッチアップに費やし、最後までなんとなくで終わってしまうパターン。もちろん、これでいいわけがありません。

そもそも参加する必要がない会議には出ないほうがいいですし、参加すべき会議なら能動的にかかわるべきです。

本来、会議中のキャッチアップは不要で、朝の3分程度で済ませておけば、すぐにディスカッションなどが始められます。

また、朝に準備を済ませておけば、ほかの作業をしている間に会議のことが気になることはなく、作業に集中できます。**そう考えると、仮説を考えておくだけで会議の数だけ生産性がアップするともいえます。**

早く出勤してデスクで仮説を考えてもいいですし、1つ前の駅で降りて歩きながら考えるのもおすすめです。リモートワークなら、朝に散歩しながら考えるのもよいでしょう。

脳の働きは、体を動かしながらのほうが効率が上がると科学的にもいわれています し、私自身もそのとおりだと思っています。運動すれば健康増進にもつながるので、朝は歩きながら仮説を考えるのはおすすめです。

コツ9

今日から始める生産性をカチ上げる「5分休憩」

理想的なスケジュールはタスクが隙間なく埋まっている状態だと思いがちですが、人間には「休憩」が不可欠です。

タスクに無駄な時間をかけないためにも、積極的に休みましょう。

「休憩」はすべての人が確実におこなうべき「タスク」といえるのです。

サラリーマン500名を対象にアンケートをとった結果、昼休みを除いた1日当たりの休憩時間は平均15~20分程度、回数で見ると1回が32%、2回が21%、3回が20%となり、0回と回答した人も10%いたそうです。

実際は無意識的に休憩をとっているのかもしれませんが、この結果が本当なら、仕事の効率を落とす要因になっているはずです。

もしかしたら、業務時間中に休憩をとることに罪悪感を抱いている人が多いことが、このアンケート結果につながっているのかもしれません。
ただし、多くの仕事は期限内に課題を解決し、それをより効率的におこなえば問題はないはずです。だとすると、「休憩をとらずに効率を落とすこと」のほうに罪悪感を持つべきではないでしょうか。

誤解している人も多いようですが、「休憩なしでずっと作業を続ける」よりも「休憩を上手に活用して断続的に作業をする」ほうが全体としての効率はアップします。間違いなく仕事中の不要な時間もへります。休憩をとることで、集中力が回復し、疲労が軽減されるからです。

集中力をマネジメントするテクニックとしては、25分ごとに5分の休憩をとる「ポモドーロ・テクニック」や、集中力が持続する時間を90分と捉える「ウルトラディアンリズム」などが有名です。
それらに従って休憩を取ることで効率が上がるという結果は多くの研究で明らかに

なっていますので、調べればいろいろなエビデンスが出てきます。

休憩の有用性がわかったところで、私が実践してみて効果的だと感じた生産的な休憩方法を紹介します。3つとも5分以内で終わる内容ですので、「ポモドーロ・テクニック」を実践する際にも有効です。

■ 休憩① 目を休める

脳と目は密接な関係にあり、脳に送られる情報の大部分は視覚からの入力だといわれています。そのため、目を酷使するのは脳にも大きな負担です。

逆にいえば、短時間でも目を休めて情報をカットすると、脳の疲労回復効果が期待できます。目を閉じることで、スマホやPCを見ずに済む効果も絶大。大量の情報を遮断できるからです。

また、仕事で長時間パソコンを使っている人はブルーライトによる眼精疲労が起こりがちなので、その意味でも目を休めるのがおすすめです。

ちなみに、ホットアイマスクを着用すると目の周りの血流がよくなってさらに効果が上がります。短時間の瞑想でなにも考えない時間を作ると、いっそう脳の疲労回復につながります。

■休憩② 軽い運動をする

短時間の運動であっても効果があることが知られていますので、休憩中に軽い運動をするのはおすすめです。

運動が認知結果に影響を与えることを実証したこんな実験結果もあります。

被験者を3つのグループに分け、文章の校正チェックをするテストを受けてもらいました。時間は75分で、Aグループは休憩なし、Bグループは途中で15分間の休憩をとるが座りっぱなし、Cグループは途中で15分間の休憩をとって軽い運動をします。

その結果、平均点はA＜B＜C。Aグループを基準にすると、Bグループが＋5％、Cグループが＋12％となったのです。これを1日の労働時間で考えると、かなりの差になります。

座りっぱなしの作業は血流が悪くなるというデメリットもありますので、休憩時間をとって外の空気を吸いに行ったり、少し散歩をしたり、あえて階段移動したりするのもおすすめです。

■休憩③　ブレインダンプ

紙とペンなどを用意し、頭の中で考えていることを書き出すのが「ブレインダンプ」です。とくに、悩んでいることや不安に感じていることを書き出すのが有効だといわれています。

人間は頭の中だけでは上手に思考を整理できず、ネガティブな感情を増幅する傾向があります。だからこそ、紙に書き出して可視化するだけで、悩みや不安が実は大したことではないと気づけるのです。

シカゴ大学の教授が数学のテストでおこなった実験もあります。1回目のテストでは通常通りに受けてもらい、2回目のテストでは「優秀者には賞金が出るが、下位の学生には罰則を与える」という条件を出した上に「試験の様子は撮影され、ほかの教官にも監視される」と伝えてプレッシャーを与えました。

さらに、2回目のテストの受験者を2つのグループに分割。Aグループはテスト前の10分間ずっと座ったまま、Bグループにはテスト前の10分間で不安を書き出してもらい、結果を比較したのです。点数を1回目のテストと比較したところ、Aグループは点数が12％低下、Bグループは逆に5％上昇していました。

この理由については、「ブレインダンプ」によって脳のワーキングメモリが整理されたからだと結論づけています。

「ワーキングメモリ」とは、脳の中で短期記憶を司る能力のこと。整理することで、それを司る部位の能力が発揮できるようになり、認知能力のパフォーマンスが上がるのです。

どの休憩法を実践するとしても、たった5分でその後の生産性が大きくかわります。未来の自分の時間を確保するための準備といえるでしょう。ですから、休憩を活用しない手はないはずです。時間スケジュールを組み立てる際は、最初から休憩を組み込むようにしてみてください。

さて、あなたは
確保できた自分の自由な時間で
なにをしますか？

ここまではあなたが自由に使える時間を生むための方法をお伝えしてきました。

基本として、「なくす」「へらす」「かえる」という3つの切り口で無駄な業務を削ったいま、あなたには（少なくとも以前よりは）自由な時間が増えていることかと思います。

無駄な時間を削減できて「やったー！」と思っているあなた、作業を目的化してしまっています。重要なのは生まれた時間でなにをするか、です。そのために無駄な時間を削減してきたのです。

本書の冒頭で「時間の価値は公平に分け与えられる」とお伝えし、だからこそ、「時間の使い方によって格差が広がっていく」ともお伝えしました。

本書は「時間を生み出す」ということにフォーカスを当てているので、簡単になってしまいますが、この節では時間の使い方についての考え方を解説します。

結論、作り上げた自由な時間は、「あなたがやるべき仕事」にあてるべきです（そもその目的を忘れていませんか）。この時間をだらだら過ごしたり、無意味な作業をしたりしては本末転倒です。では、「やるべき」とはどのように判断すればよいのでしょうか。ここでは2つの段階で解説します。

まず1つ目は、組織（または、組織に類するもの）のミッションに合致していることです。

あなたが所属する部署やチームには必ずミッションが存在します（ミッションがない組織は、存在意義がありません）。

フリーの方にも、参画するプロジェクトにはミッションがあるはずです。

あなたがやるべき仕事は、このミッションに合致している（ミッション達成に寄与している）ことが絶対条件になります。本書をここまで読み進めてくださった読者のみなさまはもう理解していると思います。

「なくす」「へらす」「かえる」で削減してきたタスクはどういったものでしたでしょうか？

そうです、組織のミッションに合致していないもの、ミッション達成に寄与していないものでした。つまり、「ミッションに合致しているタスク」というのは、なくしたりへらしたりできないタスクということで、やるべき仕事の絶対条件になるということです。ただこれは、絶対条件でもあり最低条件でもあります。

2段階目、もっと高いレベルで「あなたのやるべき仕事」を考えていきましょう。こちらも結論からいうと、**「ポータブルスキルを鍛えるもの」です。**

1段階目の基準で、組織への貢献度合いは担保できていますが、こういったタスクの中には「アンポータブルスキル」に依存するようなタスクも存在します。アンポータブルスキルとは文字通り「ポータブルスキルでないもの」なのですが、**平たくいうと、「会社の外に行くと途端に使えなくなるスキル」のことです。**

会社はそれぞれ文化や慣習を持っています。それ自体は特段悪いことではないのですが、終身雇用が崩壊したいま、ポータブルスキルを持っていないとキャリアという航海は非常に厳しい戦いを強いられます。

いつ会社から放り出されてもおかしくない世の中で、「この会社〝だけ〟で使っているシステムに詳しい」とか、「この会社に〝しか〟存在しないマニュアルに詳しい」など、会社の外に出た瞬間に剥がされる〝メッキ〟スキルは持っていても意味がありません。

仕事をしなくても生きていけるという人はほとんどいないでしょうし、仕事をしている人は休日を除き、日中のほとんどを仕事に使っていると思います。仕事に時間が取られるのは避けられないのですから、その時間で「今後、どこの組織に属しても使える（重宝される）スキル」を鍛えておくことをおすすめします。

第4章

いつのまにか自分の時間がなくなってしまう人へ

「自分がやるべき仕事がしたい」

時間管理のお悩みQ&A

本書を執筆するにあたり、
クラウドソーシングの「クラウドワークス」で、
会社員、もしくは会社員経験のある方、
約200名にアンケートを実施しました。
ビジネス上の時間管理、スケジュール管理について
悩みや困っていることを答えてもらいました。
その結果からいくつかピックアップし、
具体的な解決策を提案します。
現場で奮闘するリアルな声をもとに
「なくす」「へらす」「かえる」メソッドを解説します。
自身の仕事、業務に照らし合わせて活用してください。

いつのまにか自分の時間がなくなってしまう人へ
「自分がやるべき仕事がしたい」時間管理のお悩みＱ＆Ａ

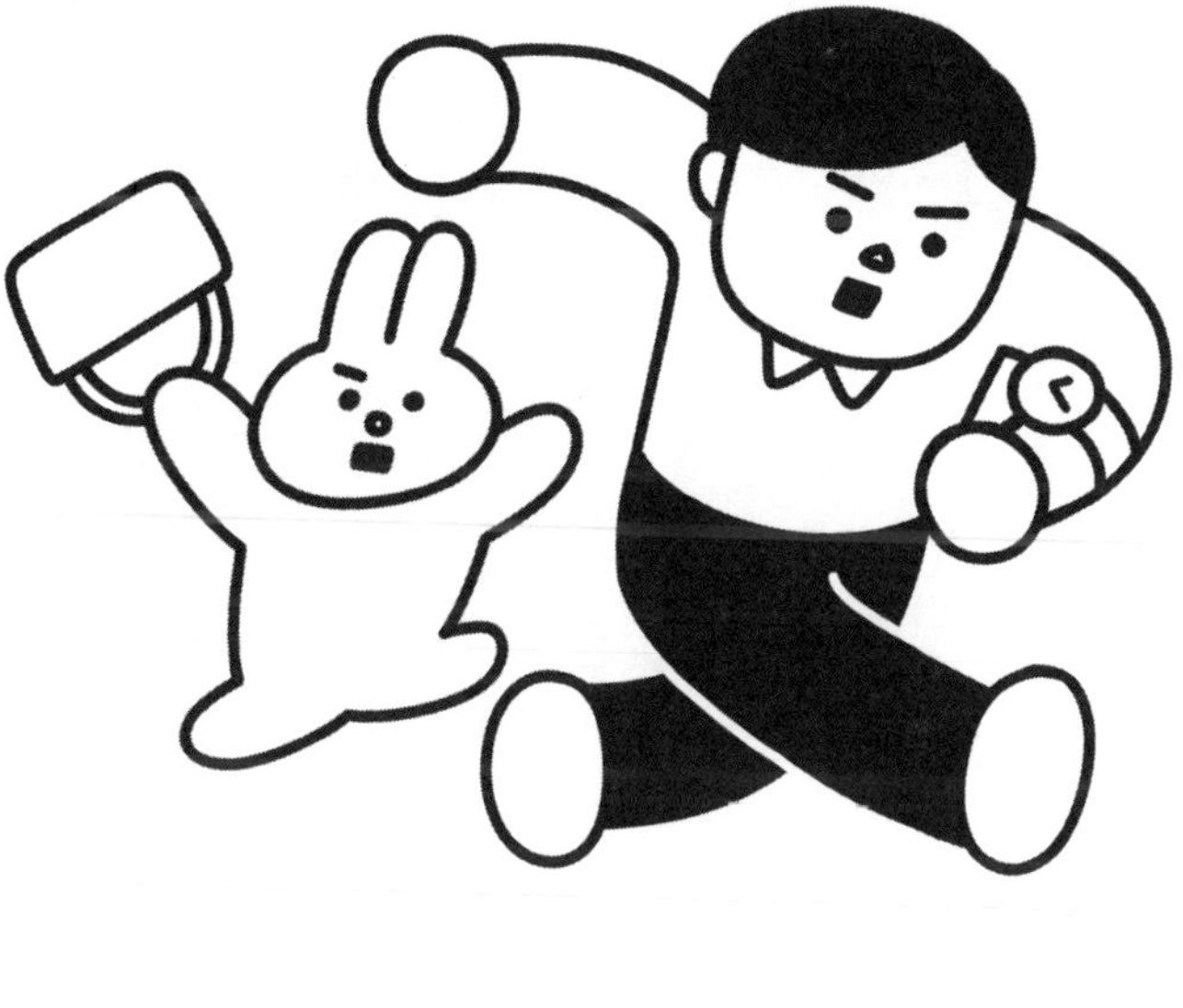

悩み
1

「返信だけで半日が終わることも。メール対応を効率化できませんか？」

質問

「受信するメールが多すぎて、メールを処理するだけで午前中が終わってしまうことも日常茶飯事です。どうにかできないでしょうか？」

回答

メールのやり取りが多い人ほど、対応方法を工夫すればかなりの時短につながるはずなので方法を考えるべきです。業務の内容やメールの中身によって改善策はかわると思いますが、基本的には「プロセスを分ける」のが有効だと思います。

「メールを返信する」と考えると1つの作業のように思えますが、プロセスを分けるとおおまかに次の3つになるのではないでしょうか。

プロセス① 受信内容を確認する（アクションを決める）
プロセス② 返信内容を考える
プロセス③ 返信内容を書く

これを意識してタスクを細分化することで、管理しやすくなるはずです。

■プロセス① 受信内容を確認する（アクションを決める）

届いているメールすべてをサッと目を通しながら、必要なリアクションによって振り分けるのがおすすめです。
リアクションは以下の４つに分かれると思います。

A だれかに返信内容を質問・確認してから返信する
B 自分で返信内容を考えて返信する
C 情報をインプットする
D （無関係なので）削除する

A、Bの2つに関しては、すぐにプロセス②に移行できるようなアクションまで終わらせてしまうのがおすすめです。
Aは返信内容を関係各所や担当部署、上長などに問い合わせたり確認したりするようなメールということ。問い合わせが必要ならすぐにメールを転送するなどして連絡してしまえばタスクがへります。

すぐに転送や確認するのが難しい場合は、最低でも次のアクションがわかるところまでやっておくのがおすすめ。「返信」「全員に返信」のボタンなどを押せば、自動的に下書きフォルダに保存されるので、返信を忘れることはないでしょう。**つまり、「下書き」が「To Do」になっている状態にするのです。**

下書き保存する際は、確認が必要な相手と内容をメール内にメモしておきましょう。たとえば「営業担当のXさんにスケジュールを確認する」などと書いておけば、返信する内容をまとめるのに必要な材料がクリアになり、それほど大変な作業ではないとわかるはずです。

いずれにしても、確認が終わったらすぐに返信するか、リアクションのBに移しましょう。

Bは自己完結できるので、すぐに考えられる程度なら、すぐに返信してしまってタスクをへらすのがおすすめです。

ただし、内容によっては考えるのに時間が掛かるかもしれません。その場合はAと同じように、「返信」を押して「下書き」に保存するところまでは終わらせて「To Do」に落とし込みます。

下書きとしてポイントなどを箇条書きしておけば、次に見た際もすぐに思い出せるはずです。

AやBの対応で「下書き保存」を「To Doのリスト化」するなら、第3章で紹介した「メーラーをTo Doリストとして活用する方法」と組み合わせて活用すると便利です。やるべきことがメーラーに集約できます。

後半のCとDに関しては、返信しなくてもよいメールなので、すぐにでも処理してしまいましょう。必要なメールは読んで、不要なメールはすぐに削除するかアーカイブに移動するだけです。

インプットするのに時間がかかりそうなメールがあったら、ほかの処理が終わってから時間を割いてもよいと思います。ステータスを「既読」から「未読」に戻しておけば、忘れることはないはずです。

▨プロセス② 返信内容を考える

第3章で紹介したように、できる限りキャッチボールの回数をへらすことを意識してまとめると、返ってくるメールの総数がへって総体的な時間の短縮につながります。

返信内容を関係者や上司などに確認する必要がある場合は、内容をまとめてからプロセスの①に戻ります。

▨プロセス③ 返信内容を書く

この段階では、細かいテクニックで時短ができます。

かなり基礎的なテクニックですが、「辞書登録」はおすすめです。定型句などをユーザー辞書などに登録しておくことで、テキストを入力する時間が短縮できます。

しょうもない挨拶だとわかってはいつつも、「お世話になります。」「以下、よろしくお願いいたします。」「引き続きよろしくお願いいたします。」などの常套句を簡単な「読み」で登録しておけば、すべてを入力する必要がなくなるのです。

「メールアドレス」や「会社の住所」など、よく使う情報を登録しておいても便利です。

こうしたテクニックはかなり知られていますが、周囲に聞いた限りでは実際に活用している人が意外と少ないので、もったいないと思っています。

1回で見ると数秒レベルの時短なのですが、ちりも積もれば山となるので、軽視せず活用すべきです。

悩み
2

「1on1や個別ミーティングが不毛に終わることが多いです……」

質問

「仕事の進め方を改善したくて上司と何度か1対1でミーティングをしたのですが、話し合っても毎回堂々めぐりになってしまい、不毛に終わってしまいます。建設的なミーティングにする方法はないでしょうか？」

回答

実は、逆の立場からの同じような不満もたくさん見受けられました。「部下からの相談が多くて自分のタスクがなかなか進められず、残業が増えてしまって自分の時間が削られていきます」といったような悩みです。

もしかしたら違う種類の不満に見えるかもしれませんが、**どちらも結局は「なにを決めるのか」が曖昧なのが問題だと思います。**

第3章で会議について解説しましたが、本質はまったく一緒です。2人だけのミーティングでも、「決めること」にフォーカスしないと無意味な時間になってしまいます。

私も部下から相談を受けることがあるのですが、なにを決めるかが曖昧なことがけっこうありました。そうなると、30分を費やしてもなにも決まらず、またすぐに相談を受けることになってしまいます。

それはお互いに時間を浪費していることになるので、最近は私から「なにを決めるのか」を設定するように誘導しています。ただし本来は、相談する側が「決めること」を設定すべきです。

私が上司に相談する場合も、最初に必ず「なにを決めたいか」を伝えます。むしろ、「決まるまでは離しません」くらいの勢いで相談しています（笑）。1対1の場合は時間を少しくらい融通できるケースも多いので、延長してでも「決める」にフォーカスしているのです。

もちろん、スケジューリングの段階でもアジェンダの頭出しはします。それに加え、実際に話すときにも改めて再確認し、「決めること」を徹底しているのです。

自分が「相談者」のようなマインドだと、伝えたいだけ、グチりたいだけ、と思うこともあるかもしれません。しかし、仕事の関係である以上は、それが本当に上司とのミーティングとして意味があるのかはきちんと考えるべきです。

細かい手法を少し補足すると、**相談内容を「クローズドクエスチョン」にするのは効果的です。**

制約を設けず自由に答えられるように質問するのが「オープンクエスチョン」、選択肢の中から答えを選ぶように質問するのが「クローズドクエスチョン」です。

つまり、「これについてどう思いますか?」ではなく、「A案、B案、C案のどれがいいですか?」と質問すれば決まりやすくなります。

たとえ、ぼんやりした不満でも改善案を考えることで解像度が上がりますし、実際に解決策が用意できれば実現しやすくなります。

提案がそのまま通らなくても、「B案のここをかえて試してみましょう」などとブラッシュアップしながら具現化できるパターンも少なくありません。

イチから考える段階でだれかを巻き込むと、その人の分も時間や価値を使うことになってしまいます。それは相手にも会社にも損失なので、自分で考えられることは考えてからミーティングに臨むようにすべきです。

悩み3

「議事録を書く担当なのですが、手間を掛ける意味ありますか？」

質問

「会議やミーティングの度に私が議事録を書くことになっているのですが、そもそも議事録って必要でしょうか？　会議に参加している人がそれぞれ必要なことをメモすればいい気がするのですが」

回答

議事録は軽視されがちです。しかし、実はかなり重要で、担当になっていないとしても、率先して作ったほうがいいとさえ思っています（もちろん「必要な会議」というのが前提です）。

まずは「スキルアップ」につながるのが大きなメリットです。**会議中の議論を「構造化」したり「抽象化」したりする訓練として議事録は最適。**しかも、ビジネスに「議論」というプロセスが必須である限り、そのスキルは必要であり続けると思います。

このメリットでわかるとおり、ここで指している議事録とは会話をそのままテキスト化するような内容ではありません。それだけならボイスレコーダーやスマホで録音しておけばいいでしょう。

そうではなく、会議で話した内容を構造化してポイントがわかるようにまとめた議事録である必要があります。
そんな議事録が作れるようになると、目の前の議論が本来の目的から脱線していないかを意識できるようになるので、ファシリテーターのスキルにもつながると考えています。

議事録を作るタイミングは「会議中」が理想。第3章では、業務しながら報告書をまとめるように提案しましたが、考え方はまったく一緒です。難易度は高いのですが、会議中に議事録がまとめられれば独立したタスクが増えることにはならず、時間も節約できます。

私はコンサルティングファーム時代にクライアントとミーティングする機会が多かったのですが、ミーティングがおこなわれるその場で議事録をまとめ、終わりの「ありがとうございました」と同時にプロジェクトチーム全員に送信するということをやっていました。これはかなりの訓練になったと思います。
当然ながら、会話のポイントを即座に共有することで重宝されます。議事録を共有することで周囲から評価されるのも大きなメリットです。

ポイントとしては、「要点を掴むこと」です。つまり、発言者がいっていることの目的がなんなのかを探りにいきます。

「〜してください」という「依頼」なのか、「〜ですか?」という「質問」なのか、それとも「提案」や「共有」、ただの「意見表明」かもしれません。**いずれにしても会議中に発言をしているということは、必ず目的があります。それを先に掴むことで、頭の整理ができやすくなります。**

まずはその「目的」を理解した上で、内容を確認します。たとえば「依頼」であることを掴んだあとに、「現場の情報がほしい」という内容だとわかった場合、議事録には「Xさんより、現場の情報共有を依頼」や「現場の情報の展開を依頼（Xさん）」などと記載すればOKということです。

最初の質問にもあったように、本来は参加者それぞれがきちんと把握しておくべきですが、実際は忘れてしまう人もいますし、ポイントがずれてしまうこともあります。

議事録で内容を共有することには意味があるのです。

また、いまは金融機関に在籍しているのですが、株主に対してコミットしている委員会などの会議体では、記録を残すことが義務になっています。その意味でも議事録は身近ですし、重要性も感じています。

議事録は若手の雑用ではありません。**依頼されていなくても作るのがおすすめ。自分の思考の整理やスキルアップにつながりますし、素早くて的確な議事録が評判になって重要な会議に呼ばれるきっかけになるかもしれません。**

議事録の具体的なイメージがわかるように、フォーマットの典型的な例も紹介しておきますので、これを参考にあなたも議事録を極めてみてください。

よくある議事録例（Before）

・下記のように、きれいにまとめる必要はないです。
・会議名、欠席者、議題など不要です。これが分からない人は参加していません。
・実際にこんなに整理されるはずがないですし、目指す必要もないです。
・目指したいイメージは、次ページを参照ください。

●作成日：○月○日（○）
●会議名：○○○○会議
●場所：○○会議室
●出席者：○○、○○、○○、○○（議事録作成者）
●欠席者：○○、○○
●議題：○○○○について

●決定事項
1――――――
2――――――
3――――――

●議論内容
1――――――
2――――――
3――――――

●今後の課題
1――――――
2――――――

●保留・懸案事項
1――――――
2――――――

●次回会議の日時
○月○日（○）

●次回会議の議題
1――――――
2――――――

目指したい議事録イメージ（After）

・発言者の「目的」を整理していきます。
・話した順で問題ないので、「超要点噛み砕き版のボイスレコーダーの書き起こし」を志すことが重要です。

●作成日：〇月〇日（〇）
●出席者：〇〇、〇〇、〇〇、〇〇

●小議題：
1———————について
　・———————を依頼（Xさん）
　・———————と返答（Yさん）

2———————について
　・———————について確認（Xさん）
　・———————と回答（Aさん）

3———————について
　・———————について質問（Aさん）
　・———————について持ち帰り（▲/■までにメールで回答）

悩み
4

「上司は見た目のきれいな資料を要求。作成に時間が掛かって苦痛です」

質問

「社内会議用の資料はテキストベースで要点をまとめれば十分だと思っているんですが、部長の指示で見た目がスタイリッシュな資料を作らなければなりません。そんな資料が必要でしょうか？」

回答

デザインに注力することが職場でのルールなら従わざるをえないと思います。ただし、そんなに大きな問題ではない気もします。なぜなら、いったんテンプレートを作ってしまえば、毎回デザインをかえる必要はないからです。

「企画のアイデアを出そう」「プレゼンの資料を作ろう」と思っても、なにから手をつけていいのか悩んでしまうケースはあると思います。**そんなときこそ、先にテンプレートを作成してしまい、活用すると便利です。**

私もコンサルティングファームに在籍していたときには、いろいろな資料を作りましたが、実はそれほど大変だとは感じませんでした。グローバルなグループだったからか、テンプレートの種類が膨大で、それをベースに作成していただけだからです。テキストを入れるだけで完成した資料も少なくありません。

そもそも資料の表現（デザイン）パターンはそこまで多いわけではなく、多くても十数種類くらいだと思います。

「複数の要素をまとめる」「要素の移りかわりを示す」「プロセスを説明する」「複数の要素を比較する」「ステップを示す」「グラフで成長を表現する」「因果関係を表す」など。

使った資料をテンプレート化していけば、その都度デザインに凝る必要はありません。資料作りの手間が省けて、アイデア出しのヒントにもなりますので、メリットだらけです。

よくある資料の表現パターンを４つ（「集合」「変化」「順序」「比較」）紹介します。それぞれ代表的な図を挙げたので、参考にして独自のテンプレートを作ってみてください。テンプレートを増やすほど、将来的な時短につながります。

表現パターン①集合（複数の要素をまとめる）

ベン図……複数の要素が重なる領域を整理する手段

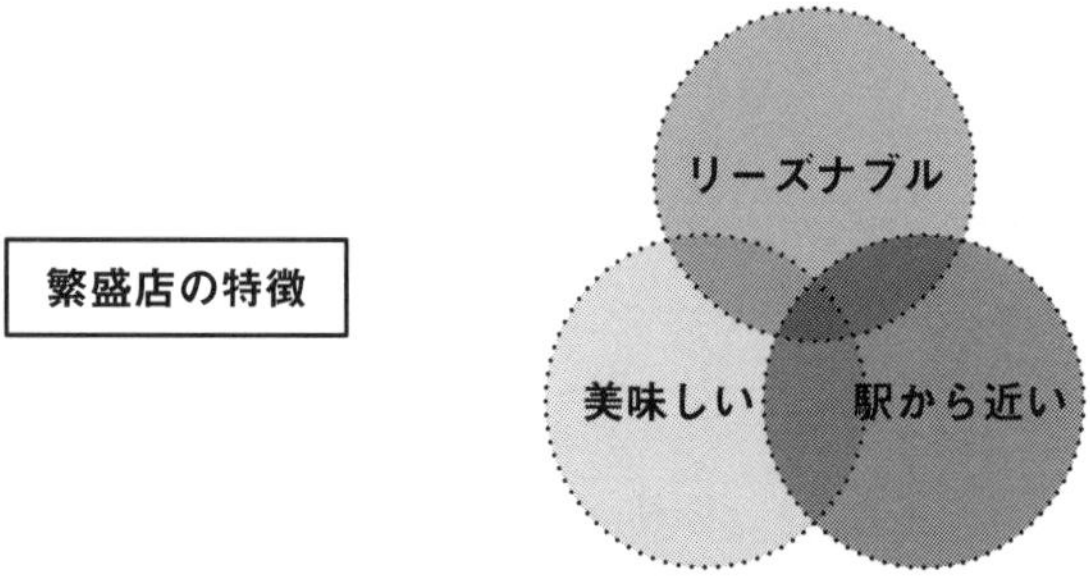

表現パターン②変化（要素の移りかわりを示す）

矢羽《やばね》……プロジェクトのプロセスや作業工程を表す
（時間の単位や流れの概念が含まれている）

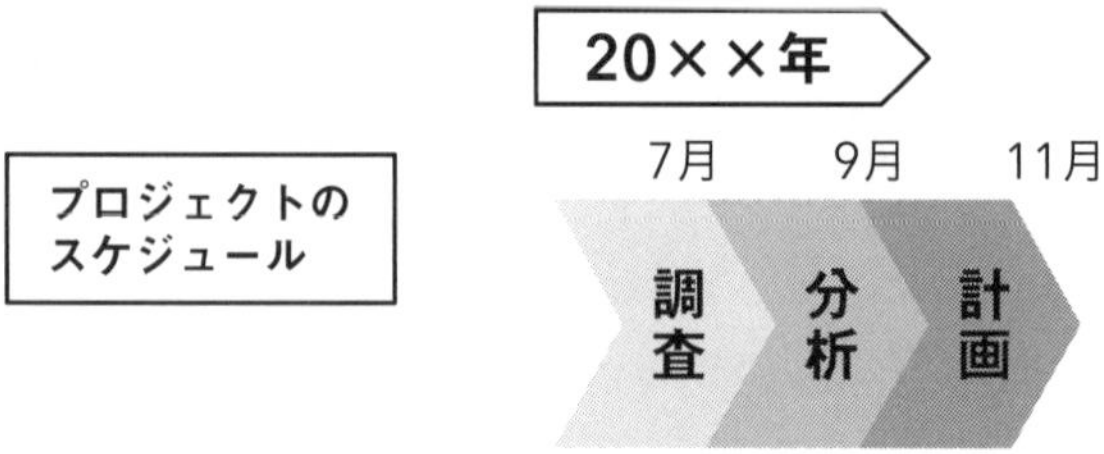

表現パターン③順序（プロセスなどを説明する）

プロセス図……時間軸に合わせて業務タスクを役割ごとに示す

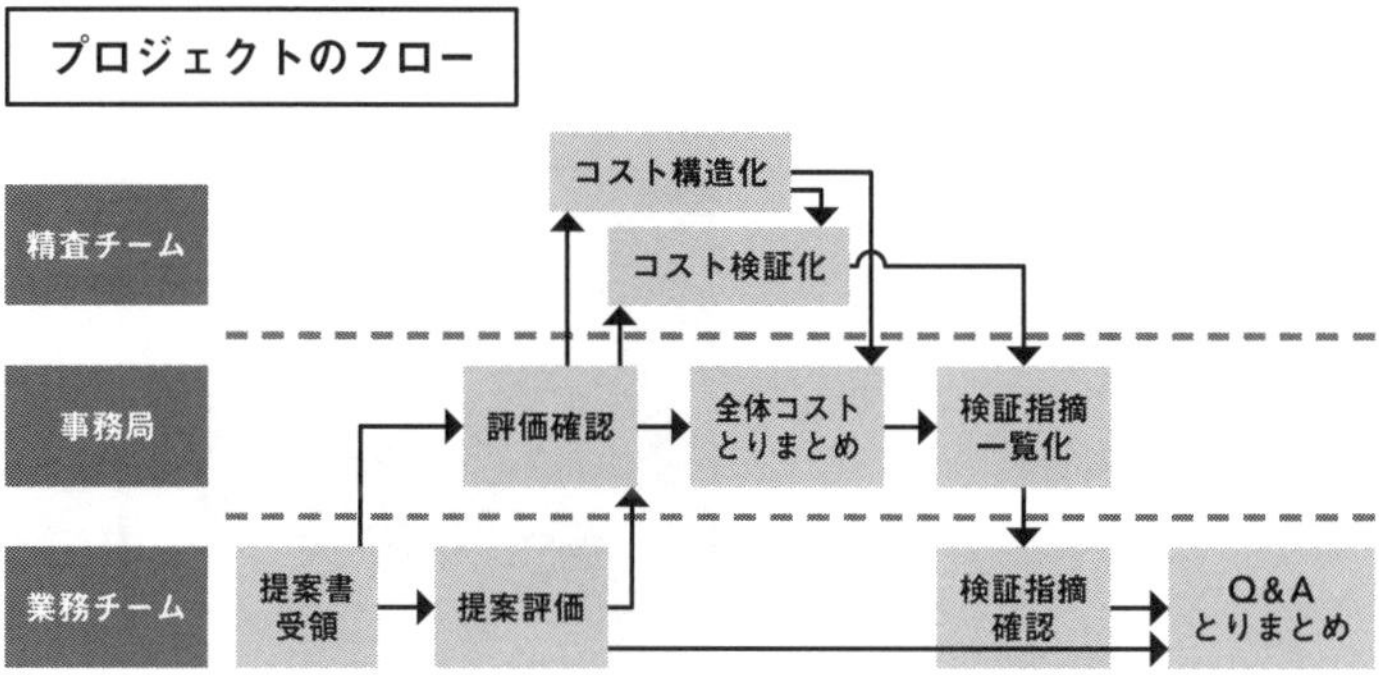

表現パターン④比較（複数の要素を比較する）

3つの比較……縦で区切り、比較軸を用いて示す

悩み
5

「担当外なのに〝やっといて〟と安易に振られる雑務を断れませんか？」

質問

「断れない性格のためか、上司から〝これやってといて〟と頼まれることがしょっちゅうあります。どう断ればいいのでしょうか？」

回答

自分の性格を「断れない性格」などと決めつけてしまう人がけっこういますが、それは単なる思い込みです。

最初に断れなかったから次も断れなくてその次も……と続いてしまい、そこからかわる勇気が持てなくなってしまっただけということもあるのではないでしょうか。

第2章で取り上げた「断り方」の説明でも触れていますが、「やらない」「断る」といったことから逃げているのかもしれません。

引き受けた瞬間は一時的にラクですが、「雑務」がなくなるまでは時間をどんどん奪われてしまい、負のスパイラルから抜け出しにくくなってしまいます。

まずは、断ったらどうなるかを想像してみてください。第2章で紹介した「断り方」を参考にして、頭でシミュレーションしてみるのです。なにが起きるでしょうか？

実は断っても、そこまで大したことは起きないのがほとんどのケースです。少し大変に感じても、これからずっとそういった雑務を引き受ける状況と天秤に掛けて、少しでも早く断ってみることをおすすめします。本当に断れないような状況なら、職場をかえることを検討すべきかもしれません。

断れない人は忙しそうに見えますし、表面的には実際に忙しいのですが、実は手を動かしているだけで脳はラクをしているといえます。断ることに頭を使えば、手が空いて時間的にラクになるのです。

これからの社会は、脳に汗を書くような働き方が重視される傾向にありますので、「断ること」の重要性はさらに高まっていくと考えています。

ここまで説明しても断れない場合は、「自分の仕事に集中している人」というキャラクターに徹するのもおすすめです。

急にかわるのが難しいなら、新しい仕事の担当になったり、なんらかの変化があったりしたタイミングで、「自分のやるべき仕事に集中している人」に「キャラ変」してみてください。上司からなにか雑用を頼まれたら「この仕事が終わったら対応します」と、優先順位はあくまで自分の仕事のほうが上だと訴え続けるのです。

きちんと伝えるには、自分のタスクを常に整理して把握しておく必要もあります。上司から雑務を頼まれた際に、「クライアントから依頼されているAの件を今日中に終わらせる必要があります。明日はBを優先し、Cも急ぐ必要があり、Dの件も明後日が締め切りなので、この件は一番早くて週明けに手がつけられます」などと伝えられたら、上司も頼みづらくなるはずです。

さらにその都度、「先日の件ですが、クライアントからの要望でDを急ぐ必要が出てきましたので、さらに遅くなりそうです」などと伝え、雑務の優先順位が低いことを訴え続けるとさらなる後押しになります。

もしかしたら、「断れない人」＝「優しい人」＝「キャパの広い人」などとポジテイブに変換しているかもしれませんが、そんなことはまったくありません。

実際は「断ることから逃げている人」＝「脳を働かせていない人」です。いますぐ「断れる人」になりましょう。

悩み
6

「勝手にスケジュールが埋まってしまって集中できる時間が確保できません」

質問

「2時間ほど集中して作業がしたいときに、空いた時間でやろうと思っていたらスケジュールが埋まってしまい、結局は残業するしかなくなったことが何度もあります。どう時間管理をするのがいいでしょうか？」

回答

私からの提案はシンプルです。

そういう場合はまず先に時間を確保（ブロック）しましょう。

融通が利くからどこの2時間でもいいと思ってあと回しにしていると、結局は時間が確保できなくなります。本当に必要な時間なら、どこの2時間で作業するかを決めてしまって問題はないはずです。

スケジュールをGoogleカレンダーなどで共有している場合は、13時〜15時までは「作業」のように入れるだけ。まずは意思表示することが大切だと思います。

とはいえ、いろいろなカルチャーの会社があるのも事実です。スケジューラーの「作業」という予定が受け入れられる職場であってほしいと願いつつ、それができる雰囲気ではないなら、「会議」や「ミーティング」などと入れてしまってもいいと思います。

会議室がたくさんあるような会社なら、会議室も押さえてしまいましょう。そこに閉じこもって企画を考えても、「1人会議」ということにすれば嘘にはなりません。

会議室が難しければ、社外の人とのミーティングということにして、カフェなどにこもって作業してもよいと思います。**仕事のための時間を確保することに対して罪悪感を持つ必要はまったくありません。**

本来は、スケジューラーに「作業」と書いていたら「ここに予定は入れられないな」「この時間は話し掛けないでおこう」とお互いに思える職場が理想です。

そうでない場合は上司などに提案をするか、仕事の結果で納得させるしかありません。胸を張って作業の時間が確保できるまでは、いろいろと工夫しながらでも時間を捻出してみてください。

悩み7

「必要な情報が埋もれがちです。すぐに探せる便利なツールは？」

質問

「確認したい！　と思ったときに必要な情報が埋もれてしまい、探すのに手間や時間が掛かってしまいます。便利なツールや情報の整理の仕方など、なにか改善策はありませんか？」

回答

メールやチャットなど便利なツールが増えたことによる弊害の1つともいえると思いますが、おそらくはツールの問題というより使い方の問題かもしれません。ツールの使い方を少し工夫すれば解決できるはずです。

方法は簡単で、自分が使いやすいツールに「情報を集約する」だけです。

私の場合はメーラーに集約しています。第3章では主にTo Doリストとしての使い方を紹介しましたが、情報をまとめるツールとしても便利だと思っています。

会社で使っているのはOutlookで、そこに情報を集約するという方法を5年くらい続けていますが、かなりの満足度です。

気に入っている主なポイントは次の4つになります。

・毎日チェックするから見逃さない
・To Doリストにもなる
・情報がストックできる
・検索できる

仕事のやり取りはメールが中心なので、メーラーは必ず毎日チェックします。そこに情報をまとめておけば、To Doを忘れることはありません。

たとえば、チャットなどのほかのツールでやり取りしていてタスクが生まれた場合は、内容をまとめて自分にメールを送信します。
完了するまでメールのステータスを「未読」にしておけば、その件を忘れることはありません。

さらに、自分宛てのメールに必要な資料やファイルを添付しておけば、あとになって探す手間も省けます。また、メールとして情報をストックしておくことができ、時間が経ってから検索するのも簡単です。

私は使用頻度と機能面でメーラーに集約していますが、もしもチャットでのやり取りがメインならチャットにまとめてもよいかもしれません。

自分が使いやすいツールに情報をまとめつつ、To Doリストとも連動できると情報を探す時間はかなり節約できます。

悩み8

「インプットの時間はどうやって確保すればいいですか？」

質問

「仕事や業務で必要な情報をインプットする時間をうまく確保できません。細切れでおこなったり、まとめて時間をとったりと、いくつか方法があると思うのですが……」

回答

まず考えるべきは、「〝使う予定のないインプット〟の時間をゼロにする」ということです。

私は「インプットのためだけの時間」はいらないと考えています。

勉強したい、興味がある、仕事に使えそう……、こういった分野の名著やベストセラーを探し、とりあえず読んでみるといったインプットをしている人が多いと思うのですが、そういう発想だと単なる「お勉強」で終わってしまう可能性が高いです。

ぼんやりと勉強してなんとなく知識をつけたいというインプット方法は意味がないと思っています。

「なにを勉強したらいいか」と悩んでいる人がよくいますが、そもそも学ぶための土台にも上がっていないことになります。

結論からいえば、「なにかを勉強しなければ困ってしまう状況」に身を置くことがスタートライン。**情報をインプットしなければ仕事ができないような環境でこそ、情報の吸収力は圧倒的に高まります。**

本当にマーケティングの勉強をしたいなら、マーケティングの担当者になってしまうのがもっとも近道ということ。学ばざるをえなくなります。

要は、目の前の課題を解決する情報をピンポイントで探してすぐに実践するというサイクルを繰り返せば、学んだことが身につくのは当然です。だとしたら、その方法でインプットするのが効果的でしょう。

まずはスタートラインに立てるように手を尽くしてみてください。仕事にするのが難しいのなら、個人的な発信などからスタートしても構いません。インプットだけに終わらず、アクションやアウトプットにつなげることが大切です。

終　章

“限りある”1日の時間を価値あるものに

本書では、「仕事に追われず自分の時間を確保する」ために、できるだけ「仕事を手放す」(なくす・へらす・かえる)ことで、自由な時間を生み出す方法を紹介してきました。

いよいよ本書の〝時間革命〟のお話も最後です。

本書の締めとして、時間を無駄にしないために、仕事はもちろん、人生のあらゆる場面において意識してほしい考え方を提案していきます。

そして、最後に1つ、みなさんに具体的な提案をします。

ぜひ実行して、有意義な自分の時間を手に入れてください。

「コントロールできないこと」を考えなければ自由な時間が増える

不要なタスク以外にも、やめるべきことはいろいろとあります。

その筆頭が「考えても仕方ないこと」。少し解像度を上げると、「コントロールできないこと」は考えても仕方ないと思っています。

コントロールができないということは、解決法をいろいろ考えたとしても結局〝コントロールできない〟ので、そのことについて考えるだけ時間は無駄です。

わかりやすい例は「天気」「景気」「ニュース」「他人の感情・行動」など。自分がコントロールできることではないので、それについては考えても仕方ないはずです。

私たちは、コントロールできないことほど悩みがちです。

解決策が見つからなかったり、解決策があっても自分ではコントロールできなかったりするからこそ、モヤモヤと悩み続けてしまうのです。

自分が悩んでいると気づいたら、その原因がコントロールできるかできないかを考え、コントロールできないなら無視するくらいがおすすめ。

コントロールできることに時間を使ったほうが事態が好転する可能性も高まるのではないでしょうか。時間は有限なので、なにに集中すべきかを決めることが大切です。「コントロールできないことは考えない」と振り切れると、ストレスを感じる機会がへり、精神衛生上の高い効果も望めます。

ここまでの理屈はわりと理解しやすいと思う一方で、実際に実行するとなると難しいと感じる人も多いでしょう。

実際はそんなに難しいわけではなく、「コントロールできるだろうか？」と考える訓練を続け、クセにすればいいだけです。

「モヤモヤと悩んでいるとき」は、自発的に考えようと思って悩んでしまっているというより、気づいたら悩みについて考えてしまっている状態でしょう。

そんな「悩んでいる状態」に気づいたら、考え続けるのはやめて、とりあえず「これはコントロールできる問題だろうか？」と自問自答すればいいのです。それがクセになれば自ずと、「コントロールできないことは考えない」のが当たり前になります。

短期視点の「他責思考」ではなく中長期的視点の「自責思考」に

「コントロールできないことは考えない」を実行するとストレスレベルは下がります。ストレスがへるという意味では、「他責思考」も同じ側面があります。問題が起こっているのはほかのだれかの責任で、自分は悪くないと思えるからです。

「他責思考」は短期的には「自分がラクになる」というメリットがあるのですが、中長期的な視点で見ると大きなデメリットがあります。

「自責思考の大きなメリットが得られない」というデメリットです。

「自責思考」の単純なメリットは、「スキルがつく」という点。責任感を持って仕事をおこなうと、それを実現するためのスキルが必要になったり、「他責思考」のときにはなかったタスクも生まれたりするので、それがスキルアップにつながります。
また、「自責思考」の前提として、「コントロールできるかどうか」を考えなくてはなりません。コントロールできる範囲だから責任を持って仕事を引き受けるという考え方です。

さらに、コントロールできるのか、自分がやるべき仕事なのか、ほかに適任者はいないのか……などと考えるためには、俯瞰的に仕事を見る必要があります。そのため、俯瞰的に物事を捉えられる「俯瞰スキル」の能力も高まっていくはずです。

逆説的にいえば、「自分がやるべき仕事かどうか」の判断が非常に重要になります。なんでもかんでも仕事を引き受けるのではなく、自分で責任を負うからこそ「引き受けるべきかどうか」をきちんと考えることが不可欠なのです。

その結果、「自責思考」になるほど「仕事を断る必要性」も出てきます。明確な理由や確固たる意志とともに「これは私の仕事ではありません」「私がやるべきではない作業です」などと伝えなければなりません。

仕事を断る方法はすでに解説しましたが、「自責思考」を続けることが「断るスキル」の向上にもつながるのです。

その一方、「自責思考」のデメリットもあります。それは「負担が増える」という点。とくに、「自責思考」へ切り替えてしばらくは疲労感を覚えるかもしれません。

責任を負って自分事にすると精神的な負荷は高まりますし、それまでは担当していなかったタスクが増えます。仕事量が増え、自分の時間がなくなるかもしれません。

ただし、それはあくまで短期的な話。「自責思考」を続け、本当に自分がすべき仕事だけをできるようになれば、結果的に「自分の時間」は増えることになります。

いろいろな方と接していて、スキルレベルや仕事量は同じ程度なのに、「忙しくてしんどい」と感じている人もいれば、「仕事が楽しい」と生き生きしている人もいることに気づきました。その差はなんだろうと考えて気づいたポイントが、「自分が納得して仕事に取り組めているかどうか」です。

納得していない仕事に時間を取られたときの精神的な負荷はかなり大きくなります。「なんでこんなことをやらなければならないんだろう？」「これは本来あいつがやるべきなのに……」などと考えながら仕事をすると精神的に「しんどい」と感じるのです。

反対に、納得して取り組んでいる仕事であれば、精神的に充実していて疲れを感じにくくなります。「これは自分でやるべきだ」「自分だからこそ任されたプロジェクトだ」と思える仕事なら、たとえ体力的に厳しくても「楽しい」と感じられるのです。

つまり、仕事の印象がネガティブかポジティブかというのが重要なポイント。ポジティブに捉えるためにも「自責思考」が欠かせません。

また「自責思考」で仕事に取り組んでいる姿勢が周囲に認知されれば、「自分がやるべきではない仕事」を頼まれることもへってきます。余計な雑務のような作業がへるのです。

自分の責任でやるべき仕事を請け負い、その責任をはたしていけば、他人がすべき仕事をしているときよりも周囲や会社から評価されるでしょう。「自責思考」には、長期的に得られるメリットがいろいろとあるのです。

「自責思考」は短期では負担が増えるデメリットがありますが、長期になるほどスキル、精神衛生、モチベーションなどの面でメリットが大きくなります。

将来的にそういった果実が収穫できることを理解して、安易に「他責思考」へと逃げないようにしましょう。すぐにでも「自責思考」に切り替え、最初だけ少し踏ん張ってみてください。

思考実験のつもりでいったん「スーパー利己主義」に振り切る

長期的なメリットを理解して自責思考に切り替え、やるべき仕事に集中しようと思っても、すぐにマインドセットを切り替えられる人は少数派かもしれません。

とくに、思いやりがあってお人好しの人は、周りのことを心配して本来はやるべきではない仕事も手伝ってしまう傾向にあります。というのも、コーチングで出会う方の多くはいわゆる「いい人」で、だからこそ忙しくて悩んでいるというパターンが典型的です。

そんな方に提案したいのが、「スーパー利己主義」になる思考実験。いったん実験のつもりで、**極端なまでに利己的な思考に振り切ってみてください。**

その結果、自分がやるべきことに集中したほうがよさそうだと思えたら、その成功体験を大事にしましょう。その経験こそ、自責思考に切り替える最初の一歩になるはずです。

そもそも、自分が忙しくて悩んでいるとしたら、利他的になって仕事仲間を手伝う余裕がどこにあるのでしょうか？　ここからは少し厳しいことをいいますが、本来は以下の順序で考えるべきです。

「自分のやるべきことをやる」
←
「時間に余裕が生まれる」
←
「その時間で周囲を手伝う」

仕事仲間や同僚を思いやることはすばらしいことですが、自分に余裕のない人が他人になにかを与えられるわけありません。

もしかしたら自分の仕事に自信がなく、それを補うためにだれかの仕事を手伝っている人もいるかもしれません。ただし、「だれかを手伝うこと」で正当に評価されることはないはずです。「便利に使われている」と思ったほうがいいくらい。どう考えても、自分のやるべきことで成果を上げて評価につなげるのが本筋です。

有名な「マズローの欲求5段階説」も、自分の土台を固めることが次のステップにつながると読み取ることができます。

「生理的欲求」
←
「安全欲求」
←
「社会的欲求」
←
「承認欲求」

←

「自己実現欲求」

という順番が重要で、周囲を助けたいという「自己実現欲求」を満たすには、ほかの欲求を満たさなければならないのです。それを飛び越えて実現しようとするのは、自惚れともいえます。

思いやる気持ちをカタチにするためにも、まずは自分がやるべきことをやるのが先決。**「自分を大切にすること」を優先するという考えに置き換えてもいいので、いったん利己的になってみてください。**その成果として余裕が生まれ、最終的には利他的になっているのが理想ではないでしょうか。

頭では理解できても、気持ちの折り合いをつけるのが難しい部分もあるかもしれませんが、紹介した方法や考え方などを試してみてください。自分のためにも周囲のためにもマインドセットをかえましょう！

生み出した時間の価値を高める

本書では、「自分がやるべき仕事の時間」を作るためのマインドセットから具体的な方法まで解説してきました。

前提となる考え方を整理しておきましょう。この本を通じて伝えたかったことを簡潔にまとめると、次のようになります。

① 「やるべきではない仕事」を「なくす」「へらす」「かえる」
② 「仕事の時間」を生み出す
③ その時間で本当に「自分がやるべき仕事」をやる

とてもシンプルな内容です。

そのために必要なのが「やるべきでないことはやらない」というマインドセットへの刷新です。

そして、「やるべきでないことはやらない」を実行するためには、コントロール範囲外のことは考えないこと、不要な仕事や雑務を断ることが重要です。

本書で述べた方法のすべてとはいかないまでも、いくつかを実践すれば、必ず時間に余裕が生まれます。

あとは、自分が本来やるべき仕事、やりたい仕事に集中するのみです。

作ることができた「時間」を「もっとも価値が出せる仕事」に交換することになれば、その時間の価値は高まり、さらにお金にかわる可能性が高くなります。目に見える結果が出て給料が上がったり、稼げたり、ということです。

当然、「お金」がすべてではありませんが、「時間」→「自分がやるべき仕事」→「お金」という交換の流れは自然ですし、大きなモチベーションにもなります。

おそらく多くの方は、「自分がやるべき仕事」というのは本業のことを指していると思います。

180ページで述べたとおり、①ミッションに合致していること、②ポータブルスキルを鍛えること、に注力することがあるべき姿となります。

「自分がやるべき仕事」という意味では、本業のほうに余裕があったり、なにか新しい分野でチャレンジしてみたいという思いが強かったりするのなら、「副業」という選択肢もあるでしょう。

ただ、私が本書でおすすめしたいのは、あくまで「本業」です。

読者の多くの方は、おそらく本業において有意義な仕事の時間をうまくつくれないで、モヤモヤやイライラを抱えていたから、本書に興味を示して手に取ってくれたはずです。

価値が出しやすい本業の中で、思う存分、自分のやるべき仕事に集中してみてください。

まずは「定時で帰る」を目標に

もしかしたら、「時間を生み出す」といっても、最初はうまくいかないかもしれません。

本書で紹介してきた方法論やマインドセットを活用するのが最短ルートですが、どれくらいの早さで時間を生み出せるかは人それぞれですし、ケース・バイ・ケースです（会社の風土や体制、業種、業界などによってなかなか難しい場合があるのも、よくわかります）。

そもそも、どれくらいの時間を生み出すのが正解なのかもわからないでしょう。

そこで私から最後の提案です。

まずは仕事を「定時で終わらせて帰る」を目標にしてみてください。

「いや、絶対ムリ！」という声もあるかと思いますが、とりあえず一度は目指してみてください。

ビジネスパーソンにコーチングする際は必ず「平均残業時間」を聞くようにしています。それによって実際の業務時間が明確になるからです。

そして、リソースを把握して初めて、なにに取り組めるのかがわかります。

残業の質問をするとたいてい、「だいたい20時くらいですかね」「いつも帰りは21時過ぎになっちゃいます」といった回答が返ってきます。

そういう返答をするということは、その時間まで会社で残業するのが当たり前という発想になっているのです。「どうせいつものことだから」と。

でも、その前提は勘違いです。本来は定時まで仕事をすればいいのですから、仕事を終わらせて帰っても問題はありません。定時で帰ることに罪悪感を持つ必要はないのです。

ちなみに、私の平均残業時間は2・5時間くらいです。でもこれは、1日当たりではなく1か月間の合計です。「定時で終わらせよう」と強く意識することで、集中力やパフォーマンスの向上につながっていると実感しています。

そもそも、会社に長く居座っていたり、ダラダラと業務をしたりするのはダサいことだと思っています。業務時間内に仕事が終わらないのは、仕事ができない人ということにもなるはずです。

「あなたの平均的な帰宅時間は何時ですか?」

基準を定時に設定し直して、まずは「定時で帰る」を目標にしてみてください。そのために本書をフル活用してくれたら、うれしい限りです。

おわりに

みなさま、ここまでお読みいただきありがとうございました。
あなたが本書におこなってくれた「時間投資」に対するパフォーマンスはいかがでしたでしょうか（パフォーマンスの真価がわかるのはこれからだともいえます）。

世の中には「タイムイズマネー」という言葉がありますが、私は本書を執筆する前から、お金のように時間を大切に扱っている人が少なすぎると常々思っていました。

野生動物は、食料である肉や植物を本能的に求め欲しますが、当然、紙幣や貨幣を見ても反応しません。

ですが、われわれ人間はどうでしょうか。

金額にもよりますが、食料よりもお金のほうが貴重に感じるのではないでしょうか。これはなぜかというと、「価値がある」ということを理解しているからです。お腹が空いたときに紙幣や貨幣を食べることはできませんが、それよりも貴重なものとして頭でわかっているのです。1万円とご飯1杯をくらべたときに、普通の状況なら当然のように1万円を取るはずです。

時間も同じです。1万円と「あなたの（1万円以上の価値がある）多くの時間」を並べられたときに、突発的に1万円を選ぶ人が多すぎるのです。

本書ではここまで長々と「時間の大切さ」についてお話ししてきました。もう、時間がどれだけ大切かというのは理解していただけたかと思います。みなさんは、目先の1万円を取るような愚かな選択はしない、ということです。

私は、裕福な家庭に生まれたわけでもなく、なにか突出した才能があったわけでもありません。ですが、すべての人間に平等に与えられている「時間」に対しては、人一倍向き合った自信があります。
時間の使い方で革命は起こせるということは、もうみなさん気づいているはずです。
明日から、いえ、今日から、あなたが搾取されている時間を取り戻しましょう。

最後になりますが謝辞を。

本書籍の編集に携わっていただいた株式会社ポプラ社の村上さん、読者の悩みをどう解決するのか、答えのない問いに対して何度も議論をしていただき、感謝申し上げます。

また本書を形にしてくださったスタッフの方々、印刷所の方々、そして読者のみなさまに1冊でも多くお届けするために尽力くださったポプラ社の方々、そして、本書籍を店頭で販売くださった書店さまにも、あわせて感謝申し上げます。

そしてなにより、本書を実際に手に取ってくださった読者のみなさま、私の日々の情報発信活動はみなさまに見ていただけるからこそ続けることができているものです。誠にありがとうございます。

私の情報発信活動のメインはYouTubeと公式ＬＩＮＥです。YouTubeでは主にビジネスパーソン向けの動画を出しており、公式ＬＩＮＥではセミナーやコーチングの情報をお出ししています（本書執筆時点現在、公式ＬＩＮＥのお友達登録をしていただくと、「キャリア戦略動画」をもれなくプレゼントしておりますので、興味のある方はお友達登録をお願いします）。

YouTube
チャンネル
【ハック大学】

公式LINE
アカウント
【@hack_univ】

この本が１人でも多くの読者のみなさまの「自由な時間」を生み出し、あなたの人生をより魅力的なものになることを祈っています。

[著者プロフィール]

ハック大学 ぺそ

1988年生まれ。主にYouTubeチャンネル「ハック大学」を通じて、仕事術、キャリア戦略などビジネスに役立つ情報を発信。

チャンネル登録者数は27万人を超える。チャンネルにアップされた動画のなかでも、時間管理やスケジュール・計画、業務の効率化に関する動画は人気のコンテンツ。

事業会社やコンサルティングファームを渡り歩き、その経験を生かして現在は外資系金融機関のマーケティング部門のマネージャーを務め、投資・資産運用業界で年収約2000万円を得る現役の会社員。

著書に『行動が結果を変える ハック大学式 最強の仕事術』(ソシム)、『「説明が上手い人」がやっていることを1冊にまとめてみた』(アスコム)などがある。

仕事に追われず自分の時間を確保する

2023年10月16日　第1刷発行

著者	ハック大学 ぺそ
発行者	千葉 均
編集	村上峻亮
発行所	株式会社ポプラ社 〒102-8519　東京都千代田区麹町4-2-6 一般書ホームページ　www.webasta.jp
印刷・製本	中央精版印刷株式会社

N.D.C. 336/255P/19cm　ISBN978-4-591-17849-2

P8008429